もくじ・学習記録表

「実力完成テスト」の得点を記録し，弱点分野を発見しましょう。

JN052155

別冊は，本冊と軽くのりづけされていますので，
はずしてお使いください。

現在の文

be動詞と一般動詞の現在を表す文について学習します。主語による動詞の形のちがいをマスターし，しっかり使い分けできるようにしましょう。

基礎の確認

解答▶別冊 p.2

❶ am, are, is の使い分け

▶現在の文では，be動詞は文の主語によって，am, are, isの3つの形を使い分けます。次の〔　　　〕に am, are, is のうちから適するものを選んで入れなさい。

(1) You 〔　　　　　　〕 a good student.

(2) This house 〔　　　　　　〕 very old.
    └ 3人称単数の主語

(3) Tom and I 〔　　　　　　〕 home now.
    └ 複数の主語　　　　　　　　└「家に」

(4) My sisters 〔　　　　　　〕 busy now.
    └ 複数の主語　　　　　　　└「忙しい」

(5) I 〔　　　　　　〕 from Hokkaido.

❷ 一般動詞の現在形

▶現在の文で，主語が3人称単数のとき，一般動詞は語尾が s で終わる形（3人称単数・現在形）になります。次の〔　　〕に適するものを右の（　　）から選んで入れなさい。
　　　　　　　　　　　　　　　　└ be動詞以外の動詞

(1) I 〔　　　　　　〕 a brother.　(have / has)

(2) Ken 〔　　　　　　〕 soccer every day. (play / plays)
    └ 3人称単数の主語

(3) Kumi and Yumi 〔　　　　　　〕 music. (like / likes)
    └ 複数の主語

(4) My mother 〔　　　　　　〕 up at six.　(get / gets)
    └ 3人称単数の主語

❸ 3単現の s のつけ方

▶一般動詞の3人称単数・現在形の s のつけ方は，原形の語尾によって異なります。次の動詞の3人称単数・現在形を書きなさい。
　　　　　　　　　　　　　　　　　　　　└ 動詞のもとの形

(1) walk 〔　　　　　　〕　(2) come 〔　　　　　　〕

(3) go 〔　　　　　　〕　(4) watch 〔　　　　　　〕

(5) stay 〔　　　　　　〕　(6) study 〔　　　　　　〕

(7) speak 〔　　　　　　〕　(8) do 〔　　　　　　〕

(9) fly 〔　　　　　　〕　(10) have 〔　　　　　　〕
　　　　　　　　　　　　　　　└ 例外で，特別な形に変化する

●be動詞の現在形

主語	be動詞
I	am
youと複数	are
3人称単数	is

確認 3人称単数の主語

3人称単数の主語とは，I（1人称）と you（2人称）以外の単数の人や物を表す主語のこと。

ミス注意 複数を表す主語

〜 and …は複数を表すので，be動詞の現在形は are を使う。be動詞の直前の1語にまどわされないこと。

●一般動詞（play）の現在形

主語	一般動詞
I, you, 複数	play
3人称単数	plays

●3単現の s のつけ方

原形の語尾	つけ方
ふつう	-s
o, s, x, ch, sh	-es
〈子音字＋y〉	-y→-ies

ミス注意 y で終わる語の変化

stay のように，y の前が母音字（a, i, u, e, o）の場合は，ふつうの語と同じように，そのまま s をつける。

study のように，y の前が子音字（a, i, u, e, o 以外）の場合だけ，語尾の y を i にかえて es をつける。study のほかに carry（運ぶ），fly（飛ぶ），try（やってみる）などがある。

❹ 疑問文の形

▶be動詞の疑問文はbe動詞を主語の前に出し，一般動詞の疑問文はDo〔Does〕を主語の前に置いて作ります。次の文を疑問文に直しなさい。
└→主語が3人称単数のとき

(1) This is Ken's bike.

_____

(2) You live in this town.

_____

(3) John has a bike.

_____

(4) Your mother speaks English.

_____

❺ 否定文の形

▶be動詞の否定文はbe動詞のあとにnotを，一般動詞の否定文は動詞の前にdo〔does〕notを置きます。次の文を否定文に直しなさい。
└→主語が3人称単数のとき

(1) I am Mary's sister.

_____

(2) We study English every day.

_____

(3) My brother has a computer.

_____

❻ 命令文

▶「～しなさい」という命令文は，主語を省略して，動詞の原形で文を始めます。次の文を命令文に直しなさい。

(1) You open the window.

_____
└→「窓を開けなさい」の文

(2) You are careful.
└→「注意深い」   └→「気をつけなさい」の文

❼ 否定の命令文

▶「～してはいけません」という否定の命令文は，ふつうの命令文の前にDon'tを置きます。次の文を否定の命令文に直しなさい。

(1) Run here. _____
└→「ここで走ってはいけません」の文

(2) Be afraid of dogs.
└→「～をおそれる」

_____
└→「犬をこわがってはいけません」の文

●疑問文の形
〈be 動詞〉
He **is** a student.
└→主語の前に出す
Is he a student?

〈一般動詞〉
He **plays** tennis.
└→主語の前に Do〔Does〕
Does he play tennis?
└→動詞は原形

ミス注意 疑問文中の動詞の形
　一般動詞の疑問文の中では，動詞はいつも原形にする。

●否定文の形
〈be 動詞〉
He **is** a student.
└→be動詞のあとに not
He **is** not〔isn't〕 a student.

〈一般動詞〉
He **plays** tennis.
└→動詞の前に do〔does〕 not
He **doesn't** play tennis.
└→動詞は原形

ミス注意 否定文中の動詞の形
　一般動詞の否定文の中では，動詞はいつも原形にする。

●命令文の形
〈一般動詞〉
You study every day.
↓　　↓ 動詞の原形で始める
〈省略〉Study every day.
（毎日勉強しなさい。）

〈be 動詞〉
You are a good boy.
↓　　↓ 動詞の原形で始める
〈省略〉Be a good boy.
└→be動詞の原形は be
（よい子でいなさい。）

●否定の命令文
Watch TV.
└→命令文の前に Don't
Don't watch TV.
（テレビを見てはいけません。）

Be late.
└→命令文の前に Don't
Don't be late.
（遅れてはいけません。）

1 日目
2 日目
3 日目
4 日目
5 日目
6 日目
7 日目
8 日目
9 日目
10 日目

実力完成テスト

1 正しい英文になるように，＿＿＿に適する語を（　　　　）内から選んで入れなさい。　〈2点×5〉

(1) My sister ＿＿＿＿＿＿ a junior high school student.　（am / are / is）

(2) We ＿＿＿＿＿＿ Mr. Brown very well.　（is / know / knows）

(3) These books ＿＿＿＿＿＿ very interesting.　（am / are / is）

(4) My grandparents ＿＿＿＿＿＿ in Tokyo.　（be / live / lives）

(5) He ＿＿＿＿＿＿ have a camera.　（isn't / don't / doesn't）

2 日本文に合うように，＿＿＿に適する語を入れなさい。　〈3点×5〉

(1) あなたの本は居間のテーブルの上にあります。

Your book ＿＿＿＿＿＿ on the table in the living room.

(2) 彼らは教室にはいません。

They ＿＿＿＿＿＿ in the classroom.

(3) 彼女には弟が1人います。

She ＿＿＿＿＿＿ a little brother.

(4) お年寄りに親切にしなさい。

＿＿＿＿＿＿ kind to old people.

(5) ケイトとトムは日本語を話しますか。

＿＿＿＿＿＿ Kate and Tom speak Japanese?

3 次の会話が成り立つように，＿＿＿に適する語を入れなさい。　〈3点×5〉

(1) *A*：Excuse me.　＿＿＿＿＿＿ you Emi?

　　B：Yes, I ＿＿＿＿＿＿.

(2) *A*：Where ＿＿＿＿＿＿ you from, Ms. Green?

　　B：I'm from Australia.

(3) *A*：＿＿＿＿＿＿ you know that boy?

　　B：Yes, I ＿＿＿＿＿＿.　That's Ken's brother.

(4) *A*：＿＿＿＿＿＿ your brother like basketball, Jim?

　　B：No, he ＿＿＿＿＿＿.　He likes volleyball.

(5) *A*：What time ＿＿＿＿＿＿ your father get up every morning?

　　B：He usually ＿＿＿＿＿＿ up at six thirty.　He walks our dog.

4 日本文に合うように，次の語を並べかえなさい。ただし，不要な語が1語ずつあります。

〈4点×4〉

(1) あなたの鉛筆はいすの下にあります。

Your (chair / is / does / the / pencil / under).

Your _____.

(2) この川で泳いではいけません。

(in / swim / river / not / don't / this).

_____.

(3) 太郎と私はよい友達です。

Taro (I / am / friends / are / and / good).

Taro _____.

(4) 私の母は車を運転しません。

My (does / a / mother / drive / is / not) car.

My _____ car.

5 次の英文を（　　　）内の指示にしたがって書きかえなさい。　〈5点×4〉

(1) His father is a music teacher. （疑問文に）

_____

(2) I study English every day. （主語を She にかえて）

_____

(3) My brother plays the piano. （否定文に）

_____

(4) You clean this room. （Please で始まる命令文に）

_____

6 次の日本文を英語に直しなさい。　〈6点×4〉

(1) ジム（Jim）と私は今，忙しくありません。

_____

(2) 私は朝7時に朝食を食べます。

_____

(3) 彼女は歩いて図書館へ行きますか。

_____

(4) 立ち上がってください。

_____

2 過去の文

日目

be動詞と一般動詞の過去を表す文について学習します。規則動詞と不規則動詞の過去形の変化をしっかりと確認しておきましょう。

基礎の確認

解答▶別冊 p.3

❶ be動詞の過去形

▶ 過去の文では，be動詞は文の**主語**によって，was と were を使い分けます。次の〔　　　〕にwas，were のうちから適するものを選んで入れなさい。

(1) I 〔　　　　　　　　〕 very hungry then.

(2) Kumi 〔　　　　　　　　〕 busy yesterday.

(3) We 〔　　　　　　　　〕 in Kyoto ten years ago.

(4) Mary and Ken 〔　　　　　　　　〕 good friends when
 └→ 複数の主語
 they lived in this town.

❷ 規則動詞の過去形

▶ **規則動詞**の過去形の ed のつけ方は，原形の語尾によって異なり
 └→ 原形の語尾に -(e)d をつけて過去形になる動詞
ます。次の動詞の過去形を書きなさい。

(1) play 〔　　　　　　〕 (2) watch 〔　　　　　　〕

(3) like 〔　　　　　　〕 (4) use 〔　　　　　　〕

(5) study 〔　　　　　　〕 (6) stop 〔　　　　　　〕

(7) stay 〔　　　　　　〕 (8) clean 〔　　　　　　〕

❸ 不規則動詞の過去形

▶ **不規則動詞**の過去形は ed はつけず，1つずつ変化が異なります。
 └→ 1語1語不規則に変化する動詞
次の動詞の過去形を書きなさい。

(1) do 〔　　　　　　〕 (2) have 〔　　　　　　〕

(3) go 〔　　　　　　〕 (4) come 〔　　　　　　〕

(5) take 〔　　　　　　〕 (6) speak 〔　　　　　　〕

(7) see 〔　　　　　　〕 (8) write 〔　　　　　　〕

(9) run 〔　　　　　　〕 (10) read 〔　　　　　　〕

(11) say 〔　　　　　　〕 (12) know 〔　　　　　　〕

● be動詞の過去形

主語	現在	過去
I	am	was
3人称単数	is	
you と複数	are	were

確認 was と were
am，is の過去形は was。
are の過去形は were。

● 規則動詞の ed のつけ方

原形の語尾	つけ方
ふつう	-ed
e で終わる	-d
〈子音字+y〉	-y→-ied
〈短母音+子音字〉	**子音字を重ねて**-ed

● ed の発音

ed の発音は，原形の語尾の発音によって，[d ド]，[t ト]，[id イド]の3通りに分かれる。
①[t ト]…原形の語尾の発音が，[t] 以外の無声音([s]，[θ]，[h]，[p]，[k]，[f]，[ʃ]，[tʃ])のとき。
walked, washed
②[id イド] …原形の語尾の発音が[t]，[d]のとき。
wanted, needed
③[d ド]…上記以外のとき。
called, opened

ミス注意 read の過去形
read [ri:d リード]の過去形は，原形と同じつづりだが，発音は[red レッド]となるので注意しよう。

❹ 現在か過去かの見分け方

▶過去の文かどうかは，**過去を表す語句**があるか，または，**前後の文の時制**などから判断します。次の〔　　　〕に適するものを右の（　　　）から選んで入れなさい。
↳動詞の形から判断する。現在・過去の区別のこと

(1) We 〔　　　　　　　〕 Mr. Sato yesterday. (visit / visited)

(2) My brother 〔　　　　　　　〕 cats when he was a
　　　　　　　　　　　　　　　　↳「彼が子どもだったとき」
　child, but now he 〔　　　　　　　〕 dogs. (loves / loved)

(3) He 〔　　　　　　　〕 me last week. (helps / helped)
　　　　　　　　　　　　　↳「先週」

❺ 疑問文の形

▶**be動詞**の疑問文は **was, were** を**主語の前**に出します。また，**一般動詞**の疑問文は **Did** を**主語の前**に置きます。次の文を疑問文に直しなさい。

(1) She was in the kitchen then.

　--

(2) You were busy last Saturday.

　--

(3) She studied English yesterday.

　--

(4) You got up early this morning.

　--

(5) His parents lived in New York twenty years ago.

　--

❻ 否定文の形

▶**be動詞**の否定文は **was, were** のあとに **not** を，**一般動詞**の否定文は**動詞の前**に **did not** を置きます。次の文を否定文に直しなさい。

(1) I was home then.

　--

(2) They were happy.

　--

(3) She visited her uncle last week.

　--

(4) We watched TV last night.

　--

●過去を表す語句
□yesterday（昨日）
□last ～（この前の～）
　last year（去年）
　last month〔week〕（先月〔週〕）
□～ ago（～前）
　five days ago（5日前）
　ten years ago（10年前）
□then, at that time（そのとき）

ミス注意 動詞の形
　一般動詞の疑問文，否定文の中では，**動詞はいつも原形**にする。過去形にしてしまうミスが多いので注意。

●疑問文の形
〈be動詞〉
He **was** a student.
　　↙主語の前に出す
Was he a student?

〈一般動詞〉
He **played** tennis.
　　↙主語の前に Did
Did he **play** tennis?
　　　　　　　↳動詞は原形

●否定文の形
〈be動詞〉
He **was** a student.
　　　　↙was のあとに not
He **was** **not** a student.

〈一般動詞〉
He **played** tennis.
　　↙動詞の前に did not
He **didn't play** tennis.
　　　　　　　↳動詞は原形

確認 短縮形
　会話では短縮形がよく使われる。not と結びついた短縮形を確認しておこう。
□was not → **wasn't**
□were not → **weren't**
□did not → **didn't**

1
日目

2
日目

3
日目

4
日目

5
日目

6
日目

7
日目

8
日目

9
日目

10
日目

実力完成テスト

＊解答と解説…別冊 p.3
＊時　間………30分
＊配　点………100点満点

得点

点

1 正しい英文になるように，＿＿＿に適する語を（　　　）内から選んで入れなさい。　　　〈2点×4〉

(1) I ＿＿＿＿＿＿＿＿ ten years old at that time.　（am / was / were）

(2) We ＿＿＿＿＿＿＿＿ him last Saturday.　（visit / visits / visited）

(3) I ＿＿＿＿＿＿＿＿ Tom in the park yesterday.　（see / saw / seeing）

(4) Our teacher ＿＿＿＿＿＿＿＿ sick two weeks ago.　（become / became / becomes）

2 日本文に合うように，＿＿＿に適する語を入れなさい。　　　〈2点×5〉

(1) ジェーンと私は去年同じクラスにいました。

Jane and I ＿＿＿＿＿＿＿＿ in the same class ＿＿＿＿＿＿＿＿ year.

(2) ジムは昨日私の家に来ました。

Jim ＿＿＿＿＿＿＿＿ to my house yesterday.

(3) 彼女は100年前にその物語を書きました。

She ＿＿＿＿＿＿＿＿ the story one hundred years ＿＿＿＿＿＿＿＿.

(4) 私たちは今日とても楽しい時を過ごしました。

We ＿＿＿＿＿＿＿＿ a very good time today.

(5) 私たちの先生はその国について学ぶために，コンピューターを使いました。

Our teacher ＿＿＿＿＿＿＿＿ a computer to learn about the country.

3 次の会話が成り立つように，＿＿＿に適する語を入れなさい。　　　〈3点×6〉

(1) *A* : ＿＿＿＿＿＿＿＿ you on the baseball team then?

B : Yes, I ＿＿＿＿＿＿＿＿.　We played baseball every day at that time.

(2) *A* : ＿＿＿＿＿＿＿＿ your brother busy yesterday?

B : No, he ＿＿＿＿＿＿＿＿.

(3) *A* : ＿＿＿＿＿＿＿＿ you walk to school yesterday?

B : No, I ＿＿＿＿＿＿＿＿.　I took the bus.

(4) *A* : ＿＿＿＿＿＿＿＿ your father wash the car last Saturday?

B : Yes, he ＿＿＿＿＿＿＿＿, and he washed it again today.

(5) *A* : How long ＿＿＿＿＿＿＿＿ you stay in Kyoto last month?

B : I ＿＿＿＿＿＿＿＿ there for three days.

(6) *A* : When ＿＿＿＿＿＿＿＿ she take these pictures?

B : She ＿＿＿＿＿＿＿＿ them a few weeks ago.

4 次の英文を（　　　　）内の指示にしたがって書きかえなさい。　〈5点×4〉

(1) She isn't a teacher. （文末に last year を加えて）

----

(2) They ran to the station. （疑問文に）

----

(3) I knew her name. （否定文に）

----

(4) They played soccer <u>yesterday</u>. （下線部が答えの中心となる疑問文に）

----

5 日本文に合うように，次の語(句)を並べかえなさい。<u>ただし，不要な語が1語ずつあります。</u>

〈5点×4〉

(1) ナンシーはこの前の日曜日，図書館にいませんでした。

Nancy (did / at / was / not / last / the library) Sunday.

Nancy --- Sunday.

(2) 彼は私の宿題を手伝ってくれませんでした。

He (me / with / not / was / did / help / my homework).

He ---.

(3) あなたはけさ何時に起きましたか。

What (did / up / time / got / this / get / you) morning?

What --- morning?

(4) 彼は昨日の放課後，何をしましたか。

(after / he / do / did / does / what) school yesterday?

--- school yesterday?

6 次の日本文を英語に直しなさい。　〈6点×4〉

(1) 谷さん(Mr. Tani)は先週奈良にいました。

----

(2) あなたはどこでこのかばんを買いましたか。

----

(3) マーク(Mark)はいつ日本に来たのですか。

----

(4) 彼らはこの歌を知りませんでした。

----

3 進行形・未来の文

現在と過去の進行形と，be going to や will を使った未来の文を学習します。
be動詞の使い分けもしっかり確認しておきましょう。

基 礎 の 確 認

解答▶別冊 p.4

① 進行形の文の形

▶進行形の文は〈be動詞＋〜ing〉の形で表します。be動詞は，主語や
現在か過去かによって，am, is, are， was, were を使い分けます。
　　　　　　　　　　　└▶現在進行形の文　　└▶過去進行形の文
次の〔　　　　〕に適するものを右の（　　　　）から選んで入れなさい。

(1)　I'm〔　　　　　　　　　　〕TV.　(watch / watching)

(2)　He〔　　　　　　　　　　〕sleeping right now.　(is / was)
　　　　　　　　　　　　　　　　　└▶「ちょうど今」

(3)　We〔　　　　　　　　　　〕waiting for her then. (are / were)
　　　　　　　　　　　　　　　　　　└▶「そのとき」

(4)　It was〔　　　　　　　　　　　〕in the morning.
　　　　└▶前に be 動詞があることに注意

　　　　　　　　　　　　　　　　　　(rained / raining)

② ing のつけ方

▶動詞の ing 形の作り方は，**原形の語尾**によって異なります。次の
動詞の ing 形を書きなさい。

(1)　go　　〔　　　　　　　〕　(2)　read　〔　　　　　　　〕

(3)　make　〔　　　　　　　〕　(4)　come　〔　　　　　　　〕

(5)　run　　〔　　　　　　　〕　(6)　play　〔　　　　　　　〕

(7)　study　〔　　　　　　　〕　(8)　swim　〔　　　　　　　〕

③ 進行形の疑問文・否定文

▶進行形の**疑問文**は be動詞を主語の前に出し，**否定文**は be動詞のあ
とに **not** を置きます。次の文を指示にしたがって書きかえなさい。

(1)　You are writing a letter.　（疑問文に）

　　--

(2)　She was walking with her mother.　（疑問文に）

　　--

(3)　We were talking about you.　（否定文に）

　　--

●進行形の文の形と意味
①現在進行形
　形…〈am〔is, are〕＋〜ing〉
　意味…「〜している」
②過去進行形
　形…〈was〔were〕＋〜ing〉
　意味…「〜していた」

確認 be動詞の形
　進行形で使う be動詞は，主語
の**人称**，**数**（単数か複数か），**時制**
（現在か過去か）によって，am,
is, are, was, were を使い分
ける。

●ing のつけ方

原形の語尾	つけ方
ふつう	-ing
e で終わる	e をとって -ing
〈短母音＋ 子音字〉	**子音字を 重ねて** -ing

くわしく 語尾を重ねる場合
　run, swim, stop, get, sit,
begin は，run**n**ing のように語
尾の子音字を 1 字重ねて -ing を
つける。

●進行形の疑問文・否定文
〈疑問文〉
He **is** reading a book.
　┌ be動詞を主語の前に出す
Is he reading a book?

〈否定文〉
He **is** reading a book.
　　┌ be動詞のあとに not
He **is** not reading a book.

❹ 未来の文

▶ 未来のことは〈be going to＋動詞の原形〉か〈will＋動詞の原形〉の形で表します。次の〔　　〕に適するものを右の（　　）から選んで入れなさい。

└be動詞は主語によって変化する

(1) Emi〔　　　　　　　〕going to visit Kobe. （be / is）

(2) I'm〔　　　　　　　〕to play the piano.

（go / going / went）

(3) He〔　　　　　　　〕clean the room. （is / will / going）

(4) It will〔　　　　　　　〕rainy tomorrow. （be / is / was）
└will のあとの動詞は原形

(5) He is going to〔　　　　　　　〕a car. （buy / buys）
└be going to のあとの動詞は原形

(6) Lisa will〔　　　　　　　〕here soon. （come / comes）

(7)〔　　　　　　　〕going to see her today. （I'll / I'm）

❺ 未来の疑問文

▶ be going to ～ の疑問文は be動詞を主語の前に，will の疑問文は will を主語の前に出して作ります。次の文を疑問文に直しなさい。

(1) Susan is going to make a cake.

└「スーザンはケーキを作るつもりですか」の文

(2) You are going to watch TV.

----

(3) She will be seventeen next year.

----

(4) They are going to come to the party.

----

❻ 未来の否定文

▶ be going to ～ の否定文は be動詞のあとに not，will の否定文は will のあとに not を置きます。次の文を否定文に直しなさい。

(1) Ken is going to be busy tomorrow.

└「ケンは明日，忙しくないだろう」の文

(2) I will buy that book.
└その場で決めたことを言うときは will を使う

└「私はあの本を買いません」の文

(3) I'm going to visit him.

└「私は彼を訪問するつもりはありません」の文

● **未来の文の形と意味**

形…① 〈be going to＋動詞の原形〉
　　② 〈will＋動詞の原形〉

意味…「～するつもりだ」「～するだろう」

確認 be の使い分け
　be going to ～ の文では，be動詞は主語に合わせて，am, is, are などを使い分ける。

● **未来を表す語句**
□tomorrow （明日）
□next ～ （次の～）
　next week〔month〕（来週〔月〕）
　next Sunday （次の日曜日）

● **未来の疑問文**
〈be going to ～の文〉
He is going to swim.
└be動詞を主語の前に出す
Is he going to swim?

〈will の文〉
He will swim.
└will を主語の前に出す
Will he swim?

確認 疑問文の答え方
① be going to ～ の疑問文には，ふつうの be動詞の疑問文と同じように，be動詞を使って答える。
② Will ～? には, will を使って, Yes, ～ will. や No, ～ will not. などと答える。

● **未来の否定文**
〈be going to ～の文〉
He is going to swim.
└be動詞のあとに not
He is not going to swim.

〈will の文〉
He will swim.
└will のあとに not
He will not swim.

ミス注意 will not の短縮形
　will not の短縮形は won't となることに注意。

1日目
2日目
3日目
4日目
5日目
6日目
7日目
8日目
9日目
10日目

実力完成テスト

＊解答と解説…別冊 p.4
＊時　間………30分
＊配　点………100点満点

得点

点

---

1 正しい英文になるように，＿＿に適する語を（　　）内から選んで入れなさい。　〈2点×6〉

(1) We're ＿＿＿＿＿＿ to music.　（going / doing / listening）

(2) ＿＿＿＿＿＿ you going to use this computer?　（Will / Are / Be）

(3) My aunt ＿＿＿＿＿＿ come to my house tomorrow.　（will / going / is）

(4) He'll ＿＿＿＿＿＿ fifteen years old next month.　（be / is / was）

(5) Ken and Taro ＿＿＿＿＿＿ studying English then.　（is / were / will）

(6) What ＿＿＿＿＿＿ you going to have for lunch?　（is / will / are）

---

2 日本文に合うように，＿＿に適する語を入れなさい。　〈3点×6〉

(1) 彼女はそのとき公園で走っていました。

She ＿＿＿＿＿＿ ＿＿＿＿＿＿ in the park then.

(2) 彼らはどれくらいの間日本に滞在する予定ですか。

How long are they ＿＿＿＿＿＿ to ＿＿＿＿＿＿ in Japan?

(3) 私は明日は野球をするつもりはありません。

I'm ＿＿＿＿＿＿ ＿＿＿＿＿＿ to play baseball tomorrow.

(4) あなたは今度の土曜日は忙しいですか。

＿＿＿＿＿＿ you ＿＿＿＿＿＿ busy next Saturday?

(5) ブライアンは今コンピューターを使っていますか。

＿＿＿＿＿＿ Brian ＿＿＿＿＿＿ the computer now?

(6) 2人の女の子があそこのベンチにすわっていました。

Two girls ＿＿＿＿＿＿ ＿＿＿＿＿＿ on the bench over there.

---

3 次の会話が成り立つように，＿＿に適する語を入れなさい。　〈4点×4〉

(1) *A :* ＿＿＿＿＿＿ are you ＿＿＿＿＿＿, Paul?

B : I'm reading a book.

(2) *A :* ＿＿＿＿＿＿ Mary ＿＿＿＿＿＿ to visit Kyoto next month?

B : Yes, she is.　She wants to visit some temples there.

(3) *A :* ＿＿＿＿＿＿ Tom come tomorrow?

B : No, he ＿＿＿＿＿＿.　He'll be busy.

(4) *A :* ＿＿＿＿＿＿ you sleeping when I called you last night?

B : No, I wasn't.　I ＿＿＿＿＿＿ taking a bath.

4 日本文に合うように，次の語を並べかえなさい。ただし，不要な語が1語ずつあります。

〈4点×5〉

(1) 私が彼の家に着いたとき，彼はテレビを見ていました。

He (watched / TV / arrived / was / when / I / watching) at his house.

He ＿＿＿＿＿＿＿＿＿＿＿＿＿＿＿＿＿＿＿＿＿ at his house.

(2) 私の姉は将来，英語の先生になるでしょう。

My sister (an / be / teacher / will / in / English / going) the future.

My sister ＿＿＿＿＿＿＿＿＿＿＿＿＿＿＿＿＿ the future.

(3) 京子は明日の朝6時に起きるつもりです。

Kyoko (up / going / gets / is / at / get / to) six tomorrow morning.

Kyoko ＿＿＿＿＿＿＿＿＿＿＿＿＿＿ six tomorrow morning.

(4) 彼らはどこでテニスをするつもりですか。

(to / be / they / are / where / play / going) tennis?

＿＿＿＿＿＿＿＿＿＿＿＿＿＿＿＿＿＿＿ tennis?

(5) あなたは夏休みをどのように過ごす予定ですか。

(to / how / doing / you / are / spend / going) your summer vacation?

＿＿＿＿＿＿＿＿＿＿＿＿＿＿＿＿＿ your summer vacation?

5 次の英文を（　　　）内の指示にしたがって書きかえなさい。

〈4点×4〉

(1) They swam in the river. （過去進行形の文に）

＿＿＿＿＿＿＿＿＿＿＿＿＿＿＿＿＿＿＿＿＿＿

(2) He doesn't do his homework. （現在進行形の否定文に）

＿＿＿＿＿＿＿＿＿＿＿＿＿＿＿＿＿＿＿＿＿＿

(3) Ann helps her brother. （文末に tomorrow を加えて）

＿＿＿＿＿＿＿＿＿＿＿＿＿＿＿＿＿＿＿＿＿＿

(4) My father is going to work next Sunday. （否定文に）

＿＿＿＿＿＿＿＿＿＿＿＿＿＿＿＿＿＿＿＿＿＿

6 次の日本文を（　　　）内の語を使って英語に直しなさい。

〈6点×3〉

(1) 明日は晴れるでしょう。(will)

＿＿＿＿＿＿＿＿＿＿＿＿＿＿＿＿＿＿＿＿＿＿

(2) だれが私の母と話していましたか。(talking)

＿＿＿＿＿＿＿＿＿＿＿＿＿＿＿＿＿＿＿＿＿＿

(3) あなたは次の土曜日に何をしますか。(going)

＿＿＿＿＿＿＿＿＿＿＿＿＿＿＿＿＿＿＿＿＿＿

4 助動詞

日目

can, may, must の助動詞のほかに, should, could の文や May I 〜? の文などについて学習します。それぞれの意味をしっかり確認しましょう。

基礎の確認

解答▶別冊 p.5

❶ can, may, must の文

▶ can は「〜できる」, may は「〜してもよい, 〜かもしれない」,
　　　↳過去形は could　↳能力・可能を表す　　　　　　　　↳許可を表す　　　　↳推量を表す
must は「〜しなければならない」の意味を表す助動詞です。次の
　　↳義務を表す
〔　　　　〕に適するものを右の（　　　　）から選んで入れなさい。

(1) 私はもう家に帰らなければなりません。

　　 I 〔　　　　　　　　〕 go home now. （must / may）

(2) 彼はフランス語を話すことができます。

　　 He 〔　　　　　　　　〕 speak French. （can / may）

(3) 彼女は今日は遅れるかもしれません。

　　 She 〔　　　　　　　　〕 be late today. （must / may）

(4) 私は子どものときとても速く泳ぐことができました。

　　 I 〔　　　　　　　　〕 swim very fast when I was a child.

　　　　　　　　　　　　　　　　　　　　　　　　（may / could）

❷ 助動詞の疑問文・否定文

▶ 助動詞の**疑問文**は**助動詞を主語の前に出し**, **否定文**は**助動詞のあ
とに not を置きます**。次の文を指示にしたがって書きかえなさい。

(1) She can play the piano. （疑問文に）

　　 --
　　 ↳「彼女はピアノを弾けますか」の文

(2) He may come to the party. （否定文に）

　　 --
　　 ↳「彼はパーティーに来ないかもしれない」の文

❸ have〔has〕to 〜 の文

▶ have〔has〕to 〜 は「〜しなければならない」という意味を表します。
　　　　　　　↳主語が3人称単数のとき
（　　　）内の日本語を参考にして, 〔　　　　〕に適する語を入れなさい。

　　 Ken 〔　　　　　　〕〔　　　　　　　　〕 help his mother.

　　（ケンはお母さんを手伝わなければなりません。）

くわしく 助動詞の意味

can	〜できる, 〜でありうる, 〜してもよい
may	〜してもよい, 〜かもしれない
must	〜しなければならない, 〜にちがいない

● 助動詞の用法

〈助動詞＋動詞の原形〉の形で
使い, 主語によって助動詞が変
化することはない。

● 助動詞の疑問文と否定文

〈疑問文〉

You can swim.
　　　　↗ 助動詞を主語の前に
Can you swim?

〈否定文〉

You can swim.
　　　　↖助動詞のあとに not
You can't swim.

確認 短縮形

cannot → can't

must not → mustn't
　　　　　　[mʌ́snt マスント]

くわしく be able to 〜

be able to 〜 も「〜できる」
という意味を表す。

ミス注意 don't have to 〜

must not 〜 は「〜しては
いけない」という意味で「禁止」を
表すが, don't〔doesn't〕have
to 〜 は「〜する必要はない」と
いう意味で, 「不必要」を表すの
で注意すること。

④ May〔Can〕 I ～? の文

▶May〔Can〕 I ～? は「～してもいいですか」と**許可**を求める表現
です。（　　　　）内の日本語を参考にして，〔　　　　〕に適する語を
入れなさい。
↳May よりもくだけた言い方

(1)　A：〔　　　　　　　　〕I open the window?

　　　（窓を開けてもいい？）

　　B：Sure.　（いいですよ。）

(2)　A：May〔　　　　　　　〕〔　　　　　　　　〕a question,

　　　Mr. Tanaka?　（質問をしてもいいですか，田中先生。）

　　B：Yes, of course.　（はい，もちろん。）

⑤ Can〔Could〕 you ～? の文

▶Can you ～? は「～してくれますか」という気軽な依頼を表します。
Could you ～? を使うと，よりていねいな言い方になります。
（　　　　）内の日本語を参考にして，〔　　　　〕に適する語を入れなさい。

(1)　〔　　　　　　　　〕you help me with my homework?

　　（私の宿題を手伝ってくれない？）

(2)　〔　　　　　　　　〕you close the door, please?

　　（ドアを閉めていただけますか。）

⑥ May I ～? / Can you ～? の答え方

▶May I ～? や Can you ～? には，**Yes, No を使う答え方だ
けではなく，いろいろな答え方があります。**次の文の答えとして
適するものを下の（　　　　）から選んで入れなさい。

(1)　A：May I use this computer, Jack?

　　B：〔　　　　　　　　　　　　　　　〕

(2)　A：Can you come with me?

　　B：〔　　　　　　　　　　　　　　　　〕I'm busy.

　　（I'm sorry. / You're welcome. / Sure. Go ahead.）

⑦ should の文

▶should は「～したほうがよい，～すべきである」の意味を表しま
す。should を入れて「～したほうがよい」の文に直しなさい。

　　He studies harder.
　　　　　　　　↳「もっと熱心に」

↳「彼はもっと熱心に勉強すべきです」の文

●May〔Can〕 I ～? の文
　May〔Can〕 I ～? は「～して
もいいですか」と相手に許可を求
める表現になる。

くわしく 答え方
　許可を求めるMay〔Can〕 I ～?
には次のように答える。
□Sure.（いいですよ。）
□OK. / All right.
　（いいですよ。）
□Yes, of course.
　（はい，もちろん。）
□Go ahead.（どうぞ。）

●Can〔Could〕 you ～?
　Can you ～?（～してくれま
すか）は気軽な依頼表現で，友達
などに使われる。
　Could you ～?（～していた
だけますか）はていねいで控えめ
な依頼表現で，目上の人などに
対しても使える。ていねいな依
頼には Would you ～? なども
使う。

くわしく 答え方
　Can you ～? や Could〔Would〕
you ～? に対しては，Sure. / All
right. / Yes, of course. などで
応じる。依頼を断るときは I'm
sorry. などと謝ったあとに，で
きない理由を伝えるとよい。

●should の意味
　should は「～したほうがよい，
～すべきである」という意味を表
す。

ミス注意 動詞は原形
　will, can, may, must,
should などの助動詞のあとにく
る動詞はいつも原形にする。

4 日目 助動詞

実力完成テスト

＊解答と解説…別冊 p.5
＊時　間………30分
＊配　点………100点満点

得点

点

---

1 正しい英文になるように，＿＿に適するものを（　　）内から選んで入れなさい。　〈2点×5〉

(1) Aya can ＿＿＿＿＿＿ the guitar well.　(play / plays / playing)

(2) Tom has ＿＿＿＿＿＿ to bed early tonight.　(go / goes / to go)

(3) "＿＿＿＿＿＿ you help us?"　"Sure."　(Are / Can / Should)

(4) "＿＿＿＿＿＿ I use this dictionary?"　"Sure.　Go ahead."　(May / Did / Have)

(5) "Do I have to finish this work today?"

"No, you don't ＿＿＿＿＿＿ to."　(must / going / have)

---

2 各組の英文がほぼ同じ内容になるように，＿＿に適する語を入れなさい。　〈4点×4〉

(1) { Ken must practice more.
{ Ken ＿＿＿＿＿＿ to ＿＿＿＿＿＿ more.

(2) { Wash your hands before lunch.
{ You ＿＿＿＿＿＿ wash your hands before lunch.

(3) { Don't swim in this river.
{ You ＿＿＿＿＿＿ ＿＿＿＿＿＿ swim in this river.

(4) { Please close the door.
{ ＿＿＿＿＿＿ ＿＿＿＿＿＿ close the door?

---

3 日本文に合うように，＿＿に適する語を入れなさい。　〈4点×6〉

(1) 久美は英語で手紙を書くことができません。

Kumi ＿＿＿＿＿＿ ＿＿＿＿＿＿ a letter in English.

(2) あなたはもう家に帰ったほうがいいです。

You ＿＿＿＿＿＿ go home now.

(3) 彼の話は本当かもしれません。

His story ＿＿＿＿＿＿ ＿＿＿＿＿＿ true.

(4) 私たちは1時間以上待たなければなりませんでした。

We ＿＿＿＿＿＿ ＿＿＿＿＿＿ wait for more than an hour.

(5) この箱を開けてもいいですか。

＿＿＿＿＿＿ ＿＿＿＿＿＿ open this box?

(6) もう少しゆっくり話していただけませんか。

＿＿＿＿＿＿ ＿＿＿＿＿＿ speak a little more slowly?

4 次の会話文の___に適する文を下の（　　　）内から選んで入れなさい。　　　〈5点×2〉

(1) A : Could you sing this English song, Takeshi?

　　B : _____ I'll do my best.

　　　　（No, I won't. / Yes, please. / Sure.）

(2) A : May I use your bike, Yuko?

　　B : _____

　　　　（Yes, I can. / OK. Go ahead. / No, I mustn't.）

5 日本文に合うように，次の語(句)を並べかえなさい。ただし，不要な語が1語ずつあります。

〈5点×4〉

(1) 彼はその本を読むことができませんでした。

　　He（able / not / can / to / was / read）the book.

　　He _____ the book.

(2) 彼は何時に起きなければなりませんか。

　　What time（get / to / does / has / have / up / he）?

　　What time _____?

(3) このかばんを運んでいただけますか。

　　（may / carry / could / this bag / you）for me?

　　_____ for me?

(4) 私たちはお互いに親切にするべきです。

　　We（are / to / be / should / each / kind）other.

　　We _____ other.

6 次の日本文を英語に直しなさい。　　　〈5点×4〉

(1) 窓を開けてもいいですか。

　　_____

(2) 私は一生けんめい英語を勉強しなければなりません。

　　_____

(3) 駅へ行く道を教えていただけませんか。

　　_____

(4) あなたはその本を買う必要はありません。

　　_____

5
日目

疑問詞・代名詞・接続詞など

what，how などの疑問詞を使ったいろいろな疑問文の形や，人称代名詞の変化，
接続詞や前置詞の意味と用法などを学習します。

基礎の確認

（ 解答▶別冊 p.6 ）

❶ what，who，when，where，how など

▶ 疑問詞 what は「何」，who は「だれ」，when は「いつ」，
where は「どこ」，how は「どのように」「どのような」という意
味を表します。次の〔　　　〕に適する疑問詞を入れなさい。

(1) 〔　　　　　〕 is that girl? —— She's Mary.

(2) 〔　　　　　〕 is this? —— It's a pencil.

(3) 〔　　　　　〕 do you live? —— I live in Yokohama.
　　　　　　　　　　　　　　　　　　↳ 場所を答えている

❷〈how＋形容詞〔副詞〕〉

▶ how のあとに many，much，old などを続けて，「数」，「量」，
「年齢」などをたずねることができます。次の〔　　　〕に many，
much，old のうちから適するものを選んで入れなさい。

(1) How 〔　　　　　〕 are you? —— I'm 14 years old.
　　　　　　　　　　　　　　　　　　　↳ 年齢を答えている

(2) How 〔　　　　　〕 pens do you have?

　　—— I have two.
　　　　　　↳ 数を答えている

(3) How 〔　　　　　〕 is this? —— It's 250 yen.
　　　　　　　　　　　　　　　　　↳ 値段を答えている

❸ 人称代名詞の変化

▶ 人称代名詞は，文中の働きによって，主格（〜は・が），所有格（〜
の），目的格（〜を・に）を使い分けます。次の〔　　　〕に適する
語を書きなさい。

人称	単数			複数		
	〜は・が	〜の	〜を・に	〜は・が	〜の	〜を・に
1	I	〔(1)　〕	me	we	our	〔(6)　〕
2	you	〔(2)　〕	you	you	〔(7)　〕	you
3	he	his	〔(3)　〕	they	〔(8)　〕	〔(9)　〕
	she	her	〔(4)　〕			
	it	〔(5)　〕	it			

● 疑問詞の意味

疑問詞	意　味
what	何
who	だれ
which	どちら，どれ
whose	だれの
when	いつ
where	どこ
how	どう，どのように，どのような

●〈How＋形容詞〔副詞〕〉の意味

How many 〜?	いくつ（数）
How much 〜?	いくら（金額），どのくらい（量）
How old 〜?	何歳（年齢）
How long 〜?	どのくらい長い（長さ・期間）
How tall 〜?	どのくらい高い（身長・高さ）
How high 〜?	どのくらい高い（高さ）
How far 〜?	どのくらい遠い（距離）

● 所有代名詞（〜のもの）の形

単数	私のもの	mine
	あなたのもの	yours
	彼のもの	his
	彼女のもの	hers
複数	私たちのもの	ours
	あなたたちのもの	yours
	彼（女）らのもの	theirs

●「〜自身」を表す代名詞

人称	単　数	複　数
1	myself	ourselves
2	yourself	yourselves
3	himself herself itself	themselves

④ 接続詞 and, but, or, so

▶and, but, or, so は語と語, 句と句, 文と文を対等の関係で
結びます。次の〔　　　〕に and, but, or, so のうちから適す
るものを選んで入れなさい。ただし, 同じ語は2回使わないこと。

(1) I have one brother 〔　　　　　　〕 two sisters.

(2) I slept a few hours last night, 〔　　　　　　〕 I'm
sleepy now.

(3) He looked for his cap, 〔　　　　　　〕 he couldn't find it.

(4) Hurry up, 〔　　　　　　〕 you'll be late for school.

⑤ 接続詞 when, if, that など

▶接続詞 when は〈When 〜, ….〉や〈… when 〜.〉の形で,「〜
のとき」という意味を表します。that は〈that＋主語＋動詞 〜〉
の形で, 動詞 know や I'm sure などのあとに続きます。(　　　)
内の日本語を参考にして, 〔　　　〕に when, if, because, after,
before, that のうちから適するものを選んで入れなさい。

(1) I'll help you 〔　　　　　　〕 you are busy.　(忙しいなら)

(2) She was out 〔　　　　　　〕 I called her.　(電話したとき)

(3) I think 〔　　　　　　〕 he is right.　(〜だと思う)

(4) Wash your hands 〔　　　　　　〕 you eat.　(食べる前に)

⑥ 時・場所を表す前置詞

▶「〜時に」,「〜曜日に」,「〜月に」や, 比較的狭い場所か広い場所
か, 接触しているかなどで, at, on, in を使い分けます。次の
〔　　　〕に at, on, in のうちから適するものを選んで入れなさい。

(1) I got up 〔　　　　　〕 six 〔　　　　　〕 the morning.

(2) I often play tennis 〔　　　　　〕 Saturdays.

(3) Look at the picture 〔　　　　　〕 the wall.

⑦ 前置詞を含む連語

▶日本語を参考にして, 〔　　　〕に適する語を入れなさい。

(1) もちろん　　　〔　　　　　　〕 course

(2) 〜をさがす　　look 〔　　　　　〕 〜

(3) 〜を聞く　　　listen 〔　　　　　〕 〜

(4) 〜に興味がある　be interested 〔　　　　　〕 〜

● and, but, or, so の意味
and　（〜と…, そして）
but　（しかし, だが）
or　（〜か…, または）
so　（それで, だから）

くわしく 命令文, and(or) 〜.
〈命令文, and 〜.〉
「…しなさい, そうすれば〜」
〈命令文, or 〜.〉
「…しなさい, そうしないと〜」

● 接続詞の意味
when　（〜するとき）
if　（もし〜ならば）
because（なぜなら〜だから）
after　（〜したあとに）
before　（〜する前に）
that　（〜ということ）

ミス注意 時・条件のとき
時・条件を表す副詞節では,
未来のことも現在形で表す。
I'll go if it is fine tomorrow.
　　　　　　↑現在形
（明日晴れなら, 私は行きます。）

くわしく I'm sure (that) 〜.
that は, know や think のほか
に, I'm sure などのあとに続く
こともある。

● 時, 場所を表す at, on, in
at：時刻；（狭い場所）に
on：曜日, 日付；
　　（接触して）〜の上に
in：月, 季節, 年, 期間；
　　（広い場所）に

● 前置詞を含む連語
at night　　　（夜に）
of course　　（もちろん）
in front of 〜 （〜の前に）
look at 〜　　（〜を見る）
look for 〜　（〜をさがす）
listen to 〜　（〜を聞く）
wait for 〜　（〜を待つ）
be interested in 〜
　　　（〜に興味がある）

1 日目
2 日目
3 日目
4 日目
5 日目
6 日目
7 日目
8 日目
9 日目
10 日目

5日目 実力完成テスト

*解答と解説…別冊 p.6
*時　間………30分
*配　点………100点満点

得点

点

---

1 正しい英文になるように，____に適する語を（　　　）内から選んで入れなさい。　　　〈3点×5〉

(1) Are you and Ken brothers, Shin? —— Yes, _____ are.　(we / you / they)

(2) How _____ is this T-shirt? —— It's twelve dollars.　(old / many / much)

(3) _____ is she from? —— She's from China.　(What / Where / Who)

(4) Tuesday comes _____ Wednesday.　(on / before / after)

(5) I met Ann _____ Tokyo Station yesterday.　(of / at / on)

---

2 次の会話が成り立つように，____に適する語を入れなさい。　　　〈3点×4〉

(1) *A :* _____ pencil is this?

　　B : Oh, it's mine.　Thank you.

(2) *A :* How _____ does _____ take to get to the station?

　　B : About twenty minutes.

(3) *A :* Why was Mark late for school today?

　　B : _____ he got up late this morning.

(4) *A :* _____ _____ students are there in your school?

　　B : About two hundred.

---

3 日本文に合うように，____に適する語を入れなさい。　　　〈4点×5〉

(1) ロンドンでは何時ですか。

　　What _____ is _____ in London?

(2) 明日，だれが彼らといっしょに博物館に行くのですか。

　　_____ will go to the museum with _____ tomorrow?

(3) もし今度の土曜日が雨なら，彼らは家にいるでしょう。

　　If it _____ rainy next Saturday, they _____ stay home.

(4) 私たちはその店の前で彼女を待ちました。

　　We waited _____ her _____ front of the store.

(5) 明日，朝の9時に会いましょう。

　　Let's meet _____ nine _____ the morning tomorrow.

4 各組の英文がほぼ同じ内容になるように，＿＿＿に適する語を入れなさい。 〈3点×3〉

(1)
This is our house.

This house is ＿＿＿＿＿＿.

(2)
Hurry up, and you'll catch the bus.

＿＿＿＿＿＿ you hurry up, you'll catch the bus.

(3)
Japanese history is interesting to me.

I'm interested ＿＿＿＿＿＿ Japanese history.

5 日本文に合うように，次の語を並べかえなさい。 〈5点×4〉

(1) 彼らは何について話していますか。

(about / what / they / talking / are)?

--?

(2) もし疲れているなら，寝たほうがいいですよ。

You (you're / to / should / if / tired / go / bed).

You --.

(3) 彼はきっと試験に合格できるだろうと私は思います。

I'm (he'll / pass / able / sure / to / be) the exam.

I'm -- the exam.

(4) ケイトは夕食を食べたあとで宿題をしました。

Kate (did / dinner / she / her / had / homework / after).

Kate ---.

6 次の日本文を英語に直しなさい。 〈6点×4〉

(1) あなたのおじさんは何歳ですか。

----

(2) どちらが彼のかばんですか，これですかそれともあれですか。 これ：this one

----

(3) 私は毎日自転車で学校に行きます。

----

(4) 私が起きたとき，雪が降っていました。

〈to＋動詞の原形〉・動名詞

〈to＋動詞の原形〉（不定詞）と動名詞（動詞の ing 形）について学習します。
いろいろな不定詞の用法と動名詞の働きをしっかりつかみましょう。

基礎の確認

解答▶別冊 p.7

❶ 名詞的用法

▶ **名詞的用法**の不定詞は「～すること」の意味で，名詞と同じ働きをします。日本語を参考にして〔　　〕に適する語を入れなさい。

(1) I like 〔　　　　　　　〕 read books. （本を読むのが好き）

(2) I want 〔　　　　　　〕〔　　　　　　　　〕 in the park.
（公園を歩きたい）

(3) It began 〔　　　　　　〕〔　　　　　　　〕 suddenly.
　　　　　　　　　　　　　　　　↳「とつぜん」
（とつぜん雨が降り始めた）

❷ 副詞的用法

▶ **副詞的用法**の不定詞は，「～**するために**」の意味で**目的**を表したり，「～**して**」の意味で**原因**を表したりします。〔　　〕に日本語を入れて，英文の日本語訳を完成しなさい。

(1) They went there to help sick people.
彼らは病気の人々を〔　　　　　　　　〕そこに行きました。

(2) I'm glad to hear the news.
私はその知らせを〔　　　　　　　　〕うれしい。

(3) Why were you in the library? —— To study math.
なぜ図書館にいましたか。——数学を〔　　　　　　　　　〕。

❸ 形容詞的用法

▶ **形容詞的用法**の不定詞は，「～**するための**」「～**すべき**」の意味で名詞や something などの**あとに**置きます。日本文に合うように，（　　）内の語を並べかえなさい。

私はすることがたくさんあります。

I have a lot of (to / things / do).

I have a lot of ＿＿＿＿＿＿＿＿＿＿＿＿＿＿＿＿＿＿＿＿.

● **不定詞の形と基本3用法**
形…〈to＋動詞の原形〉
用法…文中の働きによって，下の
　　　3つの用法がある。

● **名詞的用法**
「～すること」の意味で，名詞
と同じ働きをして，文中で動詞
の目的語や主語，補語になる。

（**確認**）よく出る〈動詞＋to ～〉
want to ～　　　　「～したい」
like to ～「～するのが好きだ」
begin to ～　　「～し始める」
start to ～　　　「～し始める」
try to ～　「～しようとする」

● **副詞的用法**
①**目的**…「～するために」「～しに」の意味で，動詞を修飾する。
②**原因**…「～して」の意味で，感情を表す形容詞を修飾する。

（**確認**）原因を表す不定詞
be happy〔glad〕to ～
　　　　　　「～してうれしい」
be sorry to ～　「～して残念だ」
be surprised to ～「～して驚く」

（**ミス注意**）Why ～? — To ～.
Why ～?（なぜ～か）の問いに，
「～するためです」と目的を答える場合は，To ～. と不定詞で答えることもある。

● **形容詞的用法**
「～するための」の意味で，形容詞の働きをして，後ろから前の名詞・代名詞を修飾する。

❹ 動名詞の用法

▶ **動名詞**は，**動詞の ing 形**が**名詞と同じ働き**をするものです。次の〔　　〕に右の(　　)内の語を適する形(1 語)にして入れなさい。

(1) I like 〔　　　　　　　〕 TV. （watch）

(2) 〔　　　　　　　〕 basketball is fun. （play）

(3) She began 〔　　　　　　　〕 English last year. （study）
　　　↳「彼女は去年英語を勉強し始めた」の文に

(4) Thank you for 〔　　　　　　　〕. （call）
　　　↳「電話をしてくれてありがとう」の文に

❺ 動名詞を目的語にとる動詞など

▶ 動名詞だけを目的語にとる動詞，不定詞だけを目的語にとる動詞などがあります。次の〔　　〕に適するものを右の(　　)から選んで入れなさい。

(1) He enjoyed 〔　　　　　　　〕. （to run / running）

(2) He wanted 〔　　　　　　　〕. （to run / running）

(3) He's good at 〔　　　　　　　〕. （to run / running）
　　　↳be good at ~は「~が得意である」

❻ 〈疑問詞＋to ～〉

▶ 〈疑問詞＋to＋動詞の原形〉はひとまとまりで，know などの動詞の**目的語**になります。日本語を参考にして，〔　　〕に適する語を入れなさい。

(1) I don't know 〔　　　　　　　〕 to swim. （泳ぎ方）

(2) Do you know 〔　　　　　　　〕 to go? （どこへ行けばいいか）

(3) Please tell me 〔　　　　　　　〕 to buy. （何を買えばいいか）
　　　↳「~に」　↳「~を」

❼ 不定詞のいろいろな用法

▶ 「(人)に～してほしい」は〈want＋人＋to＋動詞の原形〉で表します。「～することは…だ」は，It を主語にして〈It … to ～.〉の形で表します。日本語を参考にして，〔　　〕に適する語を入れなさい。

(1) I'll 〔　　　　　〕 him to help me. （彼に手伝うようにたのむ）

(2) She 〔　　　　　〕 him to go with her.
　　　　　　　　　　　　（彼にいっしょに行ってほしい）

(3) It is easy 〔　　　　　〕 cook. （料理することは簡単だ）
　　　↳この it に「それ」という意味はない

(4) 〔　　　　　〕 interesting 〔　　　　　〕 study English.
　　　　　　　　　　　（英語を勉強することはおもしろい）

● **動名詞の形と用法**
形…動詞の ing 形
意味…「～すること」
働き…名詞と同じ働きをする。
① **動詞の目的語**
　　I like singing.
　　（私は歌うことが好きです。）
② **主語・補語**
　　Singing is a lot of fun.
　　（歌うことはとても楽しい。）
③ **前置詞の目的語**
　　How about playing tennis?
　　（テニスをするのはどうですか。）

ミス注意 動詞に注目！
① **目的語に動名詞だけをとる**
　　enjoy(楽しむ)，stop(やめる)，
　　finish(終える)など。
② **目的語に不定詞だけをとる**
　　want(欲する)，wish(願う)，
　　hope(希望する)など。
③ **どちらもとる**
　　like(好む)，love(愛する)，
　　begin / start(始める)など。

● **〈疑問詞＋to ～〉の意味**
how to ～　（～のしかた）
what to ～　（何を～すべきか）
where to ～　（どこで～すべきか）
when to ～　（いつ～すべきか）
which to ～　（どれを～すべきか）

● **〈動詞＋人＋to ～〉の意味**
want 人 to ～
（(人)に～してほしい）
ask〔tell〕人 to ～
（(人)に～するようにたのむ〔言う〕）

● **「～することは…だ」の文**
To cook is easy.

It is easy to cook.
↳ 仮の主語　　↳本当の主語

くわしく It … to ～.の文でよく使う形容詞
easy　　　　　　（簡単な）
difficult / hard　（難しい）
important　　　　（大切な）
interesting　　　（おもしろい）

実力完成テスト

＊解答と解説…別冊 p.7
＊時　間………30分
＊配　点………100点満点

得点

点

1 正しい英文になるように, ＿＿＿に適するものを(　　　　)内から選んで入れなさい。　　〈2点×9〉

(1) Mika went to Osaka to ＿＿＿＿＿＿＿ her aunt.　(see / sees / saw)

(2) I want ＿＿＿＿＿＿＿ a doctor in the future.　(is / be / to be)

(3) Reading English books ＿＿＿＿＿＿＿ difficult for me.　(is / are / be)

(4) I enjoyed ＿＿＿＿＿＿＿ a baseball game on TV until late last night.
(watched / to watch / watching)

(5) He wants me ＿＿＿＿＿＿＿ with him.　(goes / to go / going)

(6) It will stop ＿＿＿＿＿＿＿ soon.　(snow / to snow / snowing)

(7) She hoped ＿＿＿＿＿＿＿ at that hotel.　(stayed / to stay / staying)

(8) Jane is interested in ＿＿＿＿＿＿＿ Japanese.　(learn / to learn / learning)

(9) *A* : Why did you go to the park yesterday?
B : ＿＿＿＿＿＿＿ tennis.　(Because play / To play / Played)

2 次の英文の＿＿＿に, (　　　　)内の語を適する形にして入れなさい。ただし, 2語になる場合も
あります。　　〈3点×6〉

(1) They finished ＿＿＿＿＿＿＿ lunch.　(eat)

(2) He left the room without ＿＿＿＿＿＿＿ anything.　(say)

(3) I don't have time ＿＿＿＿＿＿＿ the game.　(play)

(4) He told us ＿＿＿＿＿＿＿ faster.　(run)

(5) He got up early ＿＿＿＿＿＿＿ his homework.　(do)

(6) I was tired after ＿＿＿＿＿＿＿ all day.　(walk)

3 各組の英文がほぼ同じ内容になるように, ＿＿＿に適する語を入れなさい。　　〈3点×4〉

(1) { Reading books is important.
＿＿＿＿＿＿＿ is important ＿＿＿＿＿＿＿ read books.

(2) { Could you tell me the way to the station?
Could you tell me ＿＿＿＿＿＿＿ to get to the station?

(3) { Emily sings well.
Emily is good at ＿＿＿＿＿＿＿.

(4) { My father is busy this afternoon.
My father has a lot of things ＿＿＿＿＿＿＿ ＿＿＿＿＿＿＿ this afternoon.

4 日本文に合うように，＿＿に適する語を入れなさい。 〈3点×4〉

(1) 私は何か熱い飲みものがほしい。

I want something ＿＿＿＿＿＿ ＿＿＿＿＿＿ ＿＿＿＿＿＿.

(2) またあなたに会えてうれしい。

I'm glad ＿＿＿＿＿＿ ＿＿＿＿＿＿ you again.

(3) 公園を歩くのはどうですか。

How ＿＿＿＿＿＿ ＿＿＿＿＿＿ in the park?

(4) 私は彼の質問に答えようとしました。

I ＿＿＿＿＿＿ ＿＿＿＿＿＿ ＿＿＿＿＿＿ his question.

5 次の語(句)を並べかえて，意味の通る英文にしなさい。 〈4点×5〉

(1) Do you (how / use / to / this / know)?

Do you ＿＿＿＿＿＿＿＿＿＿＿＿＿＿＿＿?

(2) Are you (in / taking / pictures / interested)?

Are you ＿＿＿＿＿＿＿＿＿＿＿＿＿＿＿＿?

(3) We (each / to / must / understand / try) other.

We ＿＿＿＿＿＿＿＿＿＿＿＿＿＿＿＿ other.

(4) Kyoto (places / see / to / a lot / has / of).

Kyoto ＿＿＿＿＿＿＿＿＿＿＿＿＿＿＿＿.

(5) It (hard / the mountain / climb / to / was).

It ＿＿＿＿＿＿＿＿＿＿＿＿＿＿＿＿.

6 次の日本文を英語に直しなさい。 〈5点×4〉

(1) 彼らは昨日，水泳をして楽しみました。

＿＿＿＿＿＿＿＿＿＿＿＿＿＿＿＿＿＿

(2) 私は今日することが何もありません。

＿＿＿＿＿＿＿＿＿＿＿＿＿＿＿＿＿＿

(3) 私をそのパーティーに招待してくれてありがとう。

＿＿＿＿＿＿＿＿＿＿＿＿＿＿＿＿＿＿

(4) あなたは将来，何になりたいですか。

＿＿＿＿＿＿＿＿＿＿＿＿＿＿＿＿＿＿

7 いろいろな文型

日目

There is 〜. の文型や，look, give などのきまった動詞が作るいろいろな文型について学習します。文のしくみをしっかりと確認しておきましょう。

基礎の確認

解答▶別冊 p.8

❶ There is〔are〕〜. の文

▶There is〔are〕〜. の文の be動詞は，**主語**と**時制**によって使い分けます。次の〔　　〕に適するものを右の（　　）から選んで入れなさい。
  └→単数か複数か └→現在か過去か

(1) There 〔　　　　　　　〕 a cat in the box.　(is / are)

(2) There 〔　　　　　　　〕 two pens on the desk.　(is / are)

(3) There 〔　　　　　　　〕 a boy in the room.　(was / were)

❷ There is〔are〕〜. の疑問文・否定文

▶There is〔are〕〜. の文の**疑問文**は be動詞を there の前に出し，**否定文**は be動詞のあとに not を置きます。次の文を指示にしたがって書きかえなさい。

(1) There is some water in the cup.（疑問文に）

----

(2) There are a lot of people in this town.（疑問文に）

----

(3) There was a picture on the wall.（否定文に）

----

❸ look, become などの文

▶look, become などの動詞は，**主語のようすを説明する語句**があとにくる文型を作ります。次の〔　　〕に適するものを右の（　　）から選んで入れなさい。
  └→look at 〜（〜を見る）とのちがいに注意　　└→「補語」とよばれる。主語＝補語の関係になる

(1) He 〔　　　　　　〕 a teacher.　(became / came)
  └→「彼は先生になりました」の文に

(2) That girl 〔　　　　　　〕 sad.　(likes / looks)
  └→「あの女の子は悲しそうに見えます」の文に

(3) That 〔　　　　　　〕 good.　(sounds / gives)
  └→相手の言ったことを受けて「それはいいですね」の文に

●There is〔are〕〜. の文
　〈There is〔are〕＋主語＋場所を表す語句.〉で，「…に〜がある〔いる〕」の意味を表す。

●過去形
　There is〔are〕〜. の is〔are〕を過去形の was〔were〕にすれば，「…に〜があった〔いた〕」の過去の意味を表す。

●疑問文と否定文
〈疑問文〉
There **is** a book on the desk.
　　　└be動詞を there の前へ
Is there a book on the desk?

〈否定文〉
There **is** a book on the desk.
　　　　└be動詞のあとに not
There **is** not a book on the desk.

確認 some と any
　some はおもに肯定文で使う。疑問文，否定文ではふつう **any** を使う。

くわしく look, become などの文
　〈主語(S)＋動詞(V)＋補語(C)〉の形で，「…は〜に見える」「…は〜になる」などの意味を表す。
　主語と補語はイコールの関係になる。

●SVC の文型を作る動詞
be動詞（〜です）
become（〜になる）
look（〜に見える）
get（〜になる）
sound（〜に聞こえる）

❹ give, tell などの文

▶give, tell, show などの動詞は**2つの目的語**をとることができます。代名詞が目的語になるときは**目的格**にします。次の〔　　〕に適するものを右の（　　）から選んで入れなさい。

(1) I gave 〔　　　　　　　〕 this book.　（he / him）
　↳「私は彼にこの本をあげた」の文に

(2) I'll 〔　　　　　　　〕 you my pictures.　（show / look）
　↳「あなたに私の写真を見せましょう」の文に

(3) She 〔　　　　　　　〕 us this story.　（talked / told）
　↳「彼女が私たちにこの話をした」の文に

(4) He 〔　　　　　　　〕 her lunch.　（played / made）
　↳「彼が彼女に昼食を作った」の文に

❺ give, tell などの文の語順

▶give, tell などの文の2つの目的語は〈**人＋物**〉の語順になります。次の（　　）内の語を並べかえなさい。
　↳「～に」　↳「～を」

(1) My father bought (a / me / dictionary).
　My father bought _____.

(2) Could you (me / to / the / tell / way) the park?
　Could you _____ the park?

(3) I'll (him / books / give / these).
　I'll _____.

❻ SVOO→〈SVO＋to〔for〕＋人〉

▶give, tell などの文は, 〈**人＋物**〉の語順を入れかえて, 〈**物＋to〔for〕＋人**〉でも表されることがあります。次の文を, to を使って同じ意味の文に書きかえなさい。

(1) Tom gave her a present.

_____

(2) Beth sent him some books.

_____

❼ call, name などの文

▶call, name などの動詞は,**目的語と補語**を同時にとる文型を作ります。次の〔　　〕に適するものを右の（　　）から選んで入れなさい。
　↳目的語＝補語の関係になる

(1) We 〔　　　　　　　〕 him Ken.　（call / give）

(2) They 〔　　　　　　　〕 the baby Aya.　（taught / named）

(3) The news 〔　　　　　　　〕 her sad.　（called / made）
　↳「そのニュースは彼女を悲しませた」の文に

(4) We must 〔　　　　　　　〕 the river clean.　（keep / look）
　↳「私たちはその川をきれいにしておかなければなりません」の文に

くわしく give, tell などの文
〈主語(S)＋動詞(V)＋目的語(O)＋目的語(O)〉の形で, 「…は（人）に（物）を～する」の意味を表す。

●SVOO の文型を作る動詞
give（与える）, tell（伝える）, show（見せる）, send（送る）, teach（教える）, make（作る）, buy（買う）など。

●〈SVO＋to〔for〕＋人〉
SVOO の〈人＋物〉の語順を入れかえて, 〈物＋to〔for〕＋人〉で表すことができる。
　I gave him a pen.
　　　　〈人＋物〉
　I gave a pen to him.
　　　　〈物＋to＋人〉

確認 to か for か
〈SVO＋to ～〉型の動詞
　give, tell, show, send, teach など。
〈SVO＋for ～〉型の動詞
　make, buy, get など。

くわしく 「物」が代名詞
〈SV＋人＋物〉で「**物**」が代名詞なら, 〈SVO＋to〔for〕 ～〉の語順で表す。
×　I'll give *him it*.
○　I'll give it to him.

くわしく call, name などの文
〈主語(S)＋動詞(V)＋目的語(O)＋補語(C)〉の形をとる。
SVOC の文を作る動詞は,
call（…を～と呼ぶ）
name（…を～と名づける）
make（…を～にする）
keep（…を～にしておく）
find（…が～とわかる）など。

くわしく SVOC の文
SVOC の文では**目的語(O)＝補語(C)**の関係が成り立つ。
We call <u>him</u> <u>Ken</u>.
　　　him＝Ken の関係

実力完成テスト

＊解答と解説…別冊 p.8
＊時　間………30分
＊配　点………100点満点

得点

点

---

1 正しい英文になるように, ＿＿に適する語を(　　)内から選んで入れなさい。　〈2点×4〉

(1) There ＿＿＿＿＿＿ some cats in that house.　(have / is / are)

(2) There ＿＿＿＿＿＿ some milk in the cup.　(have / was / were)

(3) It will ＿＿＿＿＿＿ dark soon.　(get / like / see)

(4) The boys ＿＿＿＿＿＿ me the way to the hospital.　(talked / spoke / told)

---

2 日本文に合うように, ＿＿に適する語を入れなさい。　〈4点×5〉

(1) あなたのお父さんは年のわりに若く見えます。

Your father ＿＿＿＿＿＿ young for his age.

(2) その雲は鳥のように見えました。

The cloud ＿＿＿＿＿＿ ＿＿＿＿＿＿ a bird.

(3) あなたに質問してもいいですか。

May I ＿＿＿＿＿＿ ＿＿＿＿＿＿ a question?

(4) あなたたちはその本がおもしろいとわかるでしょう。

You'll ＿＿＿＿＿＿ the book ＿＿＿＿＿＿ .

(5) 私は彼らに私の犬の写真を見せました。

I ＿＿＿＿＿＿ ＿＿＿＿＿＿ a picture of my dog.

---

3 各組の英文がほぼ同じ内容になるように, ＿＿に適する語を入れなさい。　〈4点×6〉

(1) ｛ A year has twelve months.
　　＿＿＿＿＿＿ ＿＿＿＿＿＿ twelve months in a year.

(2) ｛ Mr. Oka is our English teacher.
　　Mr. Oka ＿＿＿＿＿＿ ＿＿＿＿＿＿ English.

(3) ｛ I gave some pictures to him.
　　I ＿＿＿＿＿＿ ＿＿＿＿＿＿ some pictures.

(4) ｛ There are no stores around here.
　　There ＿＿＿＿＿＿ any stores around here.

(5) ｛ She felt happy when she heard the news.
　　The news ＿＿＿＿＿＿ her happy.

(6) ｛ What is the name of this flower in English?
　　What do you ＿＿＿＿＿＿ this flower in English?

4 次の会話が成り立つように，＿＿に適する語を入れなさい。　　　　〈4点×3〉

(1) *A* : ＿＿＿＿＿＿＿ there a book on the desk?

　　B : Yes, ＿＿＿＿＿＿＿ is.

(2) *A* : ＿＿＿＿＿＿＿ there any students in this classroom last Saturday?

　　B : No, there ＿＿＿＿＿＿＿ .

(3) *A* : What's in the bag?

　　B : ＿＿＿＿＿＿＿ ＿＿＿＿＿＿＿ some books.

5 日本文に合うように，次の語(句)を並べかえなさい。　　　　〈4点×5〉

(1) 11月は何日ありますか。

(days / there / many / in / how / are) November?

＿＿＿＿＿＿＿＿＿＿＿＿＿＿＿＿＿＿＿＿＿＿ November?

(2) あなたにサンドイッチを作りましょう。

(some / make / I'll / you / sandwiches).

＿＿＿＿＿＿＿＿＿＿＿＿＿＿＿＿＿＿＿＿＿＿.

(3) 父は私の10歳の誕生日に私にピアノを買ってくれました。

My father (a piano / on / for / me / bought) my tenth birthday.

My father ＿＿＿＿＿＿＿＿＿＿＿＿＿＿＿ my tenth birthday.

(4) あなたの友達はあなたを何と呼びますか。

What (you / your / do / call / friends)?

What ＿＿＿＿＿＿＿＿＿＿＿＿＿＿＿＿＿＿?

(5) この物語で彼は有名になりました。

(made / this / famous / story / him).

＿＿＿＿＿＿＿＿＿＿＿＿＿＿＿＿＿＿＿＿＿.

6 次の日本文を英語に直しなさい。　　　　〈4点×4〉

(1) 私をジュン(Jun)と呼んでください。

＿＿＿＿＿＿＿＿＿＿＿＿＿＿＿＿＿＿＿＿＿

(2) 彼の両親は彼に何か食べる物を送ってくれます。

＿＿＿＿＿＿＿＿＿＿＿＿＿＿＿＿＿＿＿＿＿

(3) 彼は彼女を幸せにしましたか。

＿＿＿＿＿＿＿＿＿＿＿＿＿＿＿＿＿＿＿＿＿

(4) 私の町には公園が3つあります。

＿＿＿＿＿＿＿＿＿＿＿＿＿＿＿＿＿＿＿＿＿

8 日目 比 較 の 文

原級・比較級・最上級の比較の文を学習します。比較級・最上級の -er，-est のつけ方や文の形をしっかりと確認しておきましょう。

基 礎 の 確 認

解答▶別冊 p.9

1 比較級・最上級の形

▶ 形容詞・副詞には，-er，-est や more，most をつけて**規則的**に変化する語と，**不規則**に変化する語があります。次の語の比較級・最上級を書きなさい。

	原級	比較級	最上級
	↑もとの形		
(1)	tall	〔　　　　　〕	〔　　　　　〕
(2)	large	〔　　　　　〕	〔　　　　　〕
(3)	easy	〔　　　　　〕	〔　　　　　〕
(4)	big	〔　　　　　〕	〔　　　　　〕
(5)	beautiful	〔　　　　　〕	〔　　　　　〕
(6)	good	〔　　　　　〕	〔　　　　　〕
(7)	many	〔　　　　　〕	〔　　　　　〕

2 比較級の文

▶ 〈比較級＋than …〉の形で，「…より〜」という意味を表します。（　　）内の日本語を参考にして，〔　　　〕に適する語を入れなさい。

(1) I'm 〔　　　　　〕〔　　　　　　〕 Tom.（トムより年上）

(2) Tom gets up 〔　　　　　〕〔　　　　　　〕 Ken.

（ケンより早起き）

3 最上級の文

▶ 〈the＋最上級＋in〔of〕…〉の形で，「…の中でいちばん〜」という意味を表します。in か of かは**あとの語句**で使い分けます。〔　　　〕に適するものを右の（　　）から選んで入れなさい。

(1) I'm the 〔　　　　　〕 of the three.（taller / tallest）

(2) This is the 〔　　　　　〕 difficult of all.（more / most）

(3) He runs the fastest 〔　　　　　〕 my class.（in / of）

● er, est のつけ方

原級の語尾	つけ方
ふつう	-er, -est
e で終わる	-r, -st
〈子音字＋y〉	-y→-ier, -iest
〈短母音＋子音字〉	**子音字を重ねて** -er, -est

確認 more 〜，most 〜
つづりの長い語の比較級・最上級は，原級の前に **more，most** を置く。

ミス注意 不規則変化
good
well } －better－best
many
much } －more－most

● 比較級の文
比較級を使って，〈比較級＋than …〉の形で，2 つのものを比べて，「…より〜」という意味を表す。

● 最上級の文
最上級を使って，〈the＋最上級＋in〔of〕…〉の形で，「…の中でいちばん〜」という意味を表す。

ミス注意 in と of の使い分け
・in＋場所・範囲
in Japan, in my class
・of＋複数を表す語句
of the three, of all

④ as ～ as … の文

▶〈as＋原級＋as …〉の形で，「…と同じくらい～」という意味を表します。（　　）内の日本語を参考にして，〔　　〕に適する語を入れなさい。

(1) Ken is as 〔　　　　　　　〕 as Tom.（同じくらいの身長）

(2) I'm 〔　　　　　　　〕 as 〔　　　　　　　　〕 as Jim.

（ジムほど忙しくない）

⑤ like ～ better〔the best〕の文

▶「～のほうが好き」「～がいちばん好き」は better や best を使って表します。（　　）内の日本語を参考にして，〔　　〕に適する語を入れなさい。

(1) I 〔　　　　　　　〕 summer 〔　　　　　　　〕 than winter. （冬より夏が好き）

(2) I 〔　　　　　　　〕 summer the 〔　　　　　　　〕 of the four seasons. （四季の中で夏がいちばん好き）

⑥ 比較の疑問文

▶疑問文の作り方はふつうの文と同じですが，Which（どちらが）などの疑問詞で始まるものに注意しましょう。（　　　）内の日本語を参考にして，〔　　〕に適する語を入れなさい。

(1) 〔　　　　　　　〕 New Zealand 〔　　　　　　　〕 than Japan? （ニュージーランドは日本より大きいですか。）

(2) 〔　　　　　　　〕 do you like better, dogs 〔　　　　　　〕 cats? ― I like cats 〔　　　　　　　〕.

（犬とネコではどちらが好き？ ― ネコのほうが好きです。）

⑦ 注意すべき比較の文

▶比較級を強めるときは much を使います。また，〈one of the＋最上級＋複数名詞〉の形で「最も～な…のひとつ」の意味を表します。次の〔　　〕に適するものを右の（　　）から選んで入れなさい。

(1) Tom is 〔　　　　　　　〕 taller than Ken. (very / much)
↑「トムはケンよりずっと背が高い」の文に

(2) Tokyo is one of the 〔　　　　　　　〕 in the world.
↑「東京は世界で最も大きな都市のひとつです」の文に
(bigger city / biggest cities)

● as ～ as … の文
原級を使って，〈as＋原級＋as …〉の形で，2つのものを比べて，「…と同じくらい～」という意味を表す。

確認 not as ～ as …
as ～ as …の否定形の〈not as＋原級＋as …〉は，「…ほど～でない」の意味になる。

● like ～ better など
AとBを比べて，「BよりAが好きだ」は，
〈like A better than B〉。
3つ以上のものを比べて，「…の中でAがいちばん好きだ」は，
〈like A the best in〔of〕…〉
で表す。
→theをつけないこともある

● 疑問詞で始まる比較の文
・「AとBではどちらがより～か」
→〈Which is＋比較級，A or B?〉
・「…の中でどれがいちばん～か」
→〈Which is the＋最上級＋in〔of〕…?〉
・「AとBではどちらがより好きか」→〈Which do〔does〕＋主語＋like better, A or B?〉

くわしく 答えの文
Which do you like better, A or B? の文に「Aのほうが好き」と答えるときは，
I like A better（than B）.
と言う。

● 注意すべき比較の文
・〈much＋比較級〉→比較級を強めて「ずっと～」
・〈比較級＋than any other＋単数名詞〉→「ほかのどの…より～」
・〈one of the＋最上級＋複数名詞〉→「最も～な…のひとつ」

実力完成テスト

＊解答と解説…別冊 p.9
＊時　間………30分
＊配　点………100点満点

得点

点

1 正しい英文になるように，＿＿に適するものを（　　）内から選んで入れなさい。　〈2点×5〉

(1) I'm as ＿＿＿＿＿＿ as Tom.　　(tall / taller / tallest)

(2) Which is ＿＿＿＿＿＿, April or May?　　(long / longer / the longest)

(3) Canada is ＿＿＿＿＿＿ larger than Japan.　　(very / much / more)

(4) She runs the fastest ＿＿＿＿＿＿ the five.　　(in / of / on)

(5) Taro likes math the ＿＿＿＿＿＿ of all.　　(more / better / best)

2 次の英文の＿＿に，（　　）内の語を適する形にかえて入れなさい。　〈3点×6〉

(1) Your dog is ＿＿＿＿＿＿ than mine.　　(big)

(2) I feel ＿＿＿＿＿＿ than yesterday.　　(well)

(3) Ichiro is the ＿＿＿＿＿＿ of these boys.　　(happy)

(4) What is the ＿＿＿＿＿＿ river in the world?　　(long)

(5) This book is the ＿＿＿＿＿＿ ＿＿＿＿＿＿ of all.　　(interesting)

(6) You have ＿＿＿＿＿＿ books than Tom.　　(many)

3 日本文に合うように，＿＿に適する語を入れなさい。　〈3点×7〉

(1) 電子メールは航空便より速い。

E-mail is ＿＿＿＿＿＿ ＿＿＿＿＿＿ air mail.

(2) 田中先生は私の父と同じ年です。

Mr. Tanaka is ＿＿＿＿＿＿ old ＿＿＿＿＿＿ my father.

(3) 私はけさ家族の中でいちばん早く起きました。

I got up the ＿＿＿＿＿＿ ＿＿＿＿＿＿ my family this morning.

(4) 3人の中でいちばん上手な選手はだれですか。

Who is the ＿＿＿＿＿＿ player ＿＿＿＿＿＿ the three?

(5) いちばん近い駅へ行く道を教えてくださいますか。

Could you tell me the way to ＿＿＿＿＿＿ ＿＿＿＿＿＿ station?

(6) コーヒーと紅茶ではどちらのほうが好きですか。―紅茶のほうが好きです。

Which do you like ＿＿＿＿＿＿, coffee ＿＿＿＿＿＿ tea?

―I like tea ＿＿＿＿＿＿.

(7) この問題はあの問題より難しい。

This question is ＿＿＿＿＿＿ difficult ＿＿＿＿＿＿ that one.

4 各組の英文がほぼ同じ内容になるように，＿＿に適する語を入れなさい。 〈4点×4〉

(1) Your bike is newer than mine.
My bike is ＿＿＿＿＿＿＿ than yours.

(2) This flower isn't as beautiful as that one.
That flower is ＿＿＿＿＿＿＿ ＿＿＿＿＿＿＿ than this one.

(3) Hiroshi is nicer than any other boy in his class.
Hiroshi is ＿＿＿＿＿＿＿ ＿＿＿＿＿＿＿ boy in his class.

(4) Aya is older than Yuki. Yuki is older than Emi. Junko is as old as Yuki.
Emi is ＿＿＿＿＿＿＿ ＿＿＿＿＿＿＿ of the four.

5 日本文に合うように，次の語を並べかえなさい。 〈5点×4〉

(1) 私のかばんはこれほど大きくはありません。
My bag is (big / as / one / not / as / this).
My bag is ＿＿＿＿＿＿＿＿＿＿＿＿＿＿＿＿＿.

(2) その少年はほかのだれより幸せそうに見えます。
The (anyone / boy / than / looks / happier) else.
The ＿＿＿＿＿＿＿＿＿＿＿＿＿＿＿＿＿ else.

(3) これは日本で最も人気のあるスポーツのひとつです。
This is (of / sports / popular / one / most / the) in Japan.
This is ＿＿＿＿＿＿＿＿＿＿＿＿＿＿＿＿＿ in Japan.

(4) だれもジムより速く泳ぐことができません。
No (can / than / swim / one / faster) Jim.
No ＿＿＿＿＿＿＿＿＿＿＿＿＿＿＿＿＿ Jim.

6 次の日本文を英語に直しなさい。 〈5点×3〉

(1) 私はエリ(Eri)と同じくらい上手に英語を話します。

＿＿＿＿＿＿＿＿＿＿＿＿＿＿＿＿＿＿＿＿＿＿＿

(2) この山はあの山より高いですか。

＿＿＿＿＿＿＿＿＿＿＿＿＿＿＿＿＿＿＿＿＿＿＿

(3) あなたはどの季節がいちばん好きですか。

＿＿＿＿＿＿＿＿＿＿＿＿＿＿＿＿＿＿＿＿＿＿＿

9 受け身・現在完了形

日目

「〜される」という意味を表す受け身の文と，「(ずっと) 〜している」「〜したことがある」「〜したところだ」などの意味を表す現在完了形の文を学習します。

基礎の確認

解答▶別冊 p.10

❶ 受け身の文の形

▶受け身の文は〈be動詞＋過去分詞〉の形で表します。be動詞は，主語や現在か過去かによって，am, is, are, was, were を使い分けます。次の〔　　〕に適するものを右の(　　)から選んで入れなさい。

(1) English is〔　　　　　　　　　〕all over the world.
　　　　　　　　　　　　　　└「世界中で」
　　　　　　　　　　　　　　　　　(using / used)

(2) This car was〔　　　　　　　〕in Japan. (making / made)

(3) He is〔　　　　　　〕by everyone. (loving / loved)
　　　　　　　　　└「〜によって」

❷ 過去分詞

▶動詞の**過去分詞**のほとんどは過去形と同じですが，不規則に変化する動詞もあります。次の動詞の過去分詞を書きなさい。

(1) call 〔　　　　　〕 (2) study 〔　　　　　〕
(3) write 〔　　　　　〕 (4) hold 〔　　　　　〕
(5) speak 〔　　　　　〕 (6) give 〔　　　　　〕

❸ 受け身の疑問文・否定文

▶受け身の**疑問文**は，be動詞を主語の前に出し，**否定文**は，be動詞のあとに not を置きます。次の文を指示にしたがって書きかえなさい。

(1) This song is loved by young people. (疑問文に)

----

(2) Our school was built fifty years ago. (疑問文に)

----

(3) This e-mail was written by Hina. (否定文に)

●受け身の文の形と意味
①現在の受け身
　形…〈am〔is,are〕＋過去分詞〉
　意味…「〜される」
②過去の受け身
　形…〈was〔were〕＋過去分詞〉
　意味…「〜された」

確認 by 〜

　行為をする人を表すときは，by 〜 をつける。by のあとに代名詞がくるときは**目的格**にする。

●不規則動詞の過去分詞
①ABC 型 (3つとも異なる)
　speak - spoke - spoken
　give - gave - given
②ABB 型 (過去形と過去分詞が同じ)
　make - made - made
　build - built - built
③ABA 型 (原形と過去分詞が同じ)
　come - came - come
④AAA 型 (3つとも同じ)
　cut - cut - cut

●受け身の疑問文・否定文
〈疑問文〉
It **was** made by her.
　　／ be 動詞を主語の前に出す
Was it made by her?

〈否定文〉
It **was** made by her.
　　　　└be 動詞のあとに not
It **was** not made by her.

④ 現在完了形（継続）

▶現在完了形の「継続」の文は〈have〔has〕＋過去分詞〉の形で、
↳主語が3人称単数のとき
「ずっと〜している」という意味を表します。次の〔　　〕に適す
るものを右の（　　）から選んで入れなさい。

(1) She 〔　　　　　　　〕 worked there since 2000. (have / has)

(2) I've 〔　　　　　　〕 busy since yesterday. (am / been)

(3) He has 〔　　　　　　　〕 Tom for five years. (knew / known)

(4) I've wanted the dress 〔　　　　　　〕 a month.

(for / since)

⑤ 現在完了形（経験）

▶現在完了形は「〜したことがある」という「経験」の意味を表します。
次の〔　　〕に適するものを右の（　　）から選んで入れなさい。

(1) I've read the book 〔　　　　　　〕. (twice / since)

(2) She has 〔　　　　　　〕 Kyoto before. (visits / visited)

(3) We have 〔　　　　　　〕 to Tokyo once. (went / been)
↳「1回東京に行ったことがある」

⑥ 現在完了形（完了）

▶現在完了形は「〜したところだ」「〜してしまった」のように動作
が「完了」したことを表します。次の〔　　　〕に適するものを右の
（　　）から選んで入れなさい。

(1) I've 〔　　　　　　〕 eaten lunch. (already / yet)

(2) He has just 〔　　　　　　〕 his homework. (did / done)

⑦ 現在完了形の疑問文・否定文

▶現在完了形の**疑問文**は，have〔has〕を主語の前に出し，**否定文**は，
have〔has〕のあとに not を置きます。次の文を指示にしたがっ
て書きかえなさい。

(1) He has washed the dishes. （疑問文に）

----

(2) They have lived here for ten years. （疑問文に）

----

(3) We have climbed Mt. Fuji. （否定文に）

●現在完了形の文の形と意味

形…〈have〔has〕＋過去分詞〉

意味…

①継続「ずっと〜している」

②経験「〜したことがある」

③完了「〜したところだ」

くわしく 現在完了進行形

　play や run などの動作を「ず
っと〜している」と表すときは現
在完了進行形〈have〔has〕been
＋〜ing〉で表す。

●「継続」の文でよく使う語句

・since 〜（〜以来）
　since 2000（2000年から）

・for 〜（〜の間）
　for ten years（10年間）

●「経験」の文でよく使う語句

・once（1回）

・twice（2回）

・three times（3回）

・many times（何度も）

・before（前に）

・ever（今までに）

・never（今までに一度も〜ない）

ミス注意 have been to 〜

　have been to 〜で「〜に行っ
たことがある」という意味を表す。

●「完了」の文でよく使う語句

・just（ちょうど）

・already（すでに）

・yet（〈疑問文で〉もう，
　〈否定文で〉まだ）

●現在完了形の疑問文・否定文
〈疑問文〉

He **has** been there before.
　↗have〔has〕を主語の前に出す
Has he been there before?
（彼は以前そこに行ったことがあ
りますか。）

〈否定文〉

I **have** seen the movie.
　　↳have〔has〕のあとに not
I **have** not seen the movie.
（私はその映画を見ていません。）

1
日目

2
日目

3
日目

4
日目

5
日目

6
日目

7
日目

8
日目

9
日目

10
日目

実力完成テスト

1 正しい英文になるように，____に適する語を（　　　）内から選んで入れなさい。　〈2点×4〉

(1) This computer is _____ every day.　(use / used / using)

(2) These rooms _____ cleaned yesterday.　(have / was / were)

(3) _____ you ever visited Nara?　(Have / Did / Were)

(4) I've had a headache _____ this morning.　(since / yet / already)

2 次の英文の____に，（　　　）内の語を適する形にして入れなさい。　〈3点×4〉

(1) This book was _____ by a famous singer.　(write)

(2) Have you ever _____ abroad?　(be)

(3) The train has just _____.　(leave)

(4) This cup was _____ by my sister.　(break)

3 次の英文を（　　　）内の指示にしたがって書きかえなさい。　〈3点×4〉

(1) Nancy made this cake.　(受け身の文に)

----

(2) This e-mail was sent to her by Bob.　(受け身の疑問文に)

----

(3) My brother does his homework.　(already を使って現在完了形の文に)

----

(4) I don't play golf.　(never を使って現在完了形の否定文に)

----

4 次の会話が成り立つように，____に適する語を入れなさい。　〈4点×2〉

(1) *A* : Does Mr. Green teach science?

　　 B : No.　He's a math teacher.　Science is _____ by Ms. Yamada.

(2) *A* : _____ you had lunch?

　　 B : No, not _____.　I'm hungry.　Why don't we have lunch?

5 日本文に合うように，____に適する語を入れなさい。　　〈4点×4〉

(1) 昨夜，ここではたくさんの星が見られました。

A lot of stars _____ _____ here last night.

(2) この歌は私の父によってよく歌われます。

This song _____ often _____ by my father.

(3) 彼はどれくらい日本に滞在していますか。

How _____ _____ he stayed in Japan?

(4) あなたは何回その本を読みましたか。

How many _____ have you _____ the book?

6 日本文に合うように，次の語(句)を並べかえなさい。　　〈5点×4〉

(1) たくさんの木が毎日切り倒されています。

(are / down / a lot of / cut / every / trees) day.

-- day.

(2) 私はパーティーに招待されていません。

(invited / to / not / the party / I'm).

----

(3) 彼女は友達に「さくら」と呼ばれています。

(her friends / Sakura / called / by / she / is).

----

(4) 私は彼女に会ったことが一度もありません。

(never / her / I / met / have).

----

7 次の日本文を英語に直しなさい。　　〈6点×4〉

(1) 英語はたくさんの国で話されています。

----

(2) この写真は私のおばによって撮られました。

----

(3) 私は1回，学校に遅刻したことがあります。　　〜に遅刻する：be late for 〜

----

(4) 私は長い間，ジム(Jim)を知っています。

会 話 表 現

あいさつ，お礼，あいづちの言い方や，電話，買い物などでの会話表現を学習します。場面ごとの表現，応答をしっかり確認しておきましょう。

基 礎 の 確 認

解答▶別冊 p.11

❶ あいさつ・お礼・おわびの表現

▶ **あいさつ**などの会話表現は，その**応答**をセットにして覚えましょう。次の文の応答として適するものを下の（　　　）から選んで入れなさい。

(1) I'm sorry, I'm late.　　　— 〔　　　　　　　　　　〕

(2) Thank you very much.　— 〔　　　　　　　　　　〕

(3) Nice to meet you.　　　— 〔　　　　　　　　　　〕

(4) How are you?　　　　　— 〔　　　　　　　　　　〕

（
I'm fine, thank you.　　　　You're welcome.
That's all right.　　　　　　Nice to meet you, too.
）

❷ あいづちなどの表現

▶ 相手の言葉に対する**あいづち**などの応答のしかたは１つだけではありません。次の〔　　　〕に適するものを右の（　　　）から選んで入れなさい。

(1) *A* : My mother is sick in bed today.

　　B : That's too 〔　　　　　　〕.　(late / bad)

(2) *A* : How about going to the movies?

　　B : That's a good 〔　　　　　　〕.　(idea / day)

(3) *A* : This book is interesting and very useful.

　　B : Is that 〔　　　　　〕?　(see / right)

(4) *A* : Why don't we have lunch?

　　B : That 〔　　　　　　〕 good.　(looks / sounds)

(5) *A* : I think they will have a good time.

　　B : I think 〔　　　　　　〕, too.　(that / so)

(6) *A* : We can ski in winter.

　　B : Oh, 〔　　　　　　〕 you?　That's nice.　(can / did)

● **あいさつの表現**

・初対面の人に「はじめまして」
　→Nice to meet you.

・知人に会ったときのあいさつ
　→How are you?（元気？）

● **お礼・おわびなどの表現**

・「（〜を）ありがとう」は→
　Thank you (for 〜).

・Thank you. に対しては，
　You're welcome. / Not at all.（どういたしまして。）

・「すみません」と謝るときは→
　I'm sorry.

・I'm sorry. には **That's OK.**（大丈夫です。）や **Don't worry about it.**（気にしないで。）などと返答する。

・人に話しかけるときなどは，Excuse me. と言う。

● **あいづちなどの表現**
Is that so〔right〕?
　　　　　（そうですか。）
That's a good idea.
　　　　（それはいい考えです。）
That's too bad.
　　　　（それはいけませんね。）
Sounds good.（よさそうですね。）

くわしく 疑問形のあいづち
　相手が言った文を疑問形にして，「そうですか」とあいづちを打つことができる。
I'm busy today.— Are you?
She **is** from China.— Is she?
He **likes** soccer.— Does he?
I **bought** a new CD.— Did you?

❸ 誘う・すすめる表現

▶Shall I〔we〕～? は相手の意向をたずねる表現，would like は want のていねいな言い方です。（　　　）内の日本語を参考にして，〔　　　〕に適する語を入れなさい。

(1) 〔　　　　　　　〕we sing this song?（歌いましょうか）
　　―Yes, 〔　　　　　　　〕.　（ええ，歌いましょう）

(2) 〔　　　　　　　〕I open the window?（開けましょうか）
　　―Yes, 〔　　　　　　　〕.　（はい，お願いします）

(3) 〔　　　　　　　〕you like some tea?（紅茶はいかが？）
　　― No, thank you.　（いいえ，けっこうです）

❹ 電話での表現

▶電話をかけるときの**決まり文句**を覚えましょう。次の〔　　　〕に適するものを下の（　　　）から選んで入れなさい。

A : Hello.　This is Tom.　〔　　　　　　　　　　　〕
B : Yes.　〔　　　　　　　　　　〕

（Wait a minute, please.　　May I speak to Kumi?
　I'll call back later.　　You have the wrong number.）

❺ 買い物での表現

▶**買い物**でよく使う表現を覚えましょう。（　　　）内の日本語を参考にして，〔　　　〕に適する語を入れなさい。

(1) May I 〔　　　　　　〕you?　（いらっしゃいませ）

(2) How 〔　　　　　　〕this one?　（これはどうですか）

(3) 〔　　　　　　〕you are.（物を渡して「はい，どうぞ」）

❻ 体調・感想をたずねる表現

▶**体調・感想**などをたずねるときの表現を覚えましょう。次の〔　　　〕に適するものを右の（　　　）から選んで入れなさい。

(1) What's 〔　　　　　　〕?　（that / the matter）
　　― I have a headache.

(2) 〔　　　　　　〕do you feel today?　（How / Which）
　　― I feel better.

(3) 〔　　　　　　〕do you like Kyoto?　（How / What）
　　― I like it very much.

●Shall I〔we〕～?
① Shall I ～?
　→「（私が）～しましょうか」
　Yes, please〔thank you〕.
　や No, thank you. で答える。
② Shall we ～?
　→「（いっしょに）～しましょうか」
　Yes, let's. などで答える。

確認 Shall we ～?とLet's ～.
Shall we play tennis.
＝Let's play tennis.
（テニスをしましょう。）

●すすめる表現
「～はいかがですか」と相手にものをすすめるときは，
Would you like ～? と言う。
　Would you like to ～? は，
「～したいですか」と相手の意向をたずねるときに使う。

●電話でよく使う表現
This is ～.（〈こちらは〉～です。）
May〔Can〕I speak to ～?
　（～さんをお願いします。）
May〔Can〕I take a message?
　（伝言をうかがいましょうか。）
You have the wrong number.
　（番号ちがいですよ。）

●買い物でよく使う表現
May〔Can〕I help you?
　（いらっしゃいませ。）
May〔Can〕I try ～ on?
　（～を試着してもいいですか。）
How much is〔are〕～?
　（～はいくらですか。）
I'll take ～.　（～を買います。）

●体調・感想をたずねる表現
What's the matter〔wrong〕?
　（どうしましたか。）
How do you feel?（気分はどう？）
How do you like ～?
（〈感想をたずねて〉～はいかがですか〔気に入りましたか〕。）
How is〔was〕～?
　（～はどうです〔でした〕か。）

1日目　2日目　3日目　4日目　5日目　6日目　7日目　8日目　9日目　**10日目**

実力完成テスト

＊解答と解説…別冊 p.11
＊時　間………30分
＊配　点………100点満点

得点

点

1 正しい英文になるように，____に適する語を（　　　）内から選んで入れなさい。〈3点×5〉

(1) A : I like soccer.

B : Oh, _____ you?　　（are / do / did）

(2) A : Show me your passport, please.

B : Sure. _____ you are.　　（Yes / Thank / Here）

(3) A : Hi, Goro.　Where are you going?

B : I'm going to a CD shop.　How _____ you?　　（are / do / about）

A : I'm going to the station.

(4) A : Thank you for the nice present.

B : Not at _____.　I hope you like it.　　（all / well / time）

(5) A : Dinner is ready.　Please _____ yourself.　　（make / help / cook）

B : Thank you.　It looks delicious.

2 次の対話文の____に適する文を下の（　　　）内から選んで入れなさい。〈4点×5〉

(1) A : Have a nice day, Mary.

B : Thanks, Ken. _____

（Me, too. / Let me see. / Same to you.）

(2) A : We're going to the zoo tomorrow.　Can you come with us?

B : _____ I hope the weather is good.

（Sounds great. / That's too bad. / That's right.）

(3) A : Would you like something to eat?

B : _____ I'm not so hungry.

（Yes, please. / No, thank you. / That sounds good.）

(4) A : I can't finish my homework.　It's too difficult for me.

B : _____ I'll help you.

（Don't worry. / I'm all right. / I'm sorry, but I can't.）

(5) A : Let's play tennis after school.

B : _____

A : How about tomorrow?

B : Tomorrow's fine.

（I'm sorry I can't play today. / Today is good. / Yes, of course.）

3 各組の英文がほぼ同じ内容になるように，____に適する語を入れなさい。 〈4点×4〉

(1) Let's clean the river.
_____ _____ clean the river?

(2) How about having lunch with me tomorrow?
_____ don't you have lunch with me tomorrow?

(3) Will you leave a message?
Can I _____ a message?

(4) Do you want another glass of juice?
_____ you _____ another glass of juice?

4 次の会話が成り立つように，____に適する語を入れなさい。 〈5点×5〉

(1) A : Happy birthday. This is for you.
B : Oh, _____ you.

(2) A : You look sad. What's _____?
B : My best friend is going to go back to New York next week.

(3) A : _____ me, does this bus go to Tokyo Station?
B : Yes, it does.

(4) A : Thank you very much for helping me.
B : You're _____.

(5) A : _____ do you feel today?
B : I feel much better than yesterday.

5 次の日本文を英語に直しなさい。 〈8点×3〉

(1) （印象をたずねて）日本はいかがですか。

----

(2) 遅れてごめんなさい。

----

(3) この日曜日，私たちは何をしましょうか。

1日目
2日目
3日目
4日目
5日目
6日目
7日目
8日目
9日目
10日目

総復習テスト 第1回

＊解答と解説…別冊 p.12
＊時　間………40分
＊配　点………100点満点

得点

点

1 次の（　　）から適するものを１つ選び，記号を○でかこみなさい。　　〈2点×8〉

(1) I watched some of the games （ア at　イ in　ウ on　エ to） TV and I became very excited.　　　　　　　　　　　　　　　　　　　　　　　　　　　　（大阪府）

(2) Can Mt. Fuji （ア see　イ seen　ウ be seen　エ be seeing） from your house?

(3) （ア It goes　イ It has　ウ It takes　エ It uses） two and half hours from Osaka to Tokyo by *Shinkansen*.　　　　　　　　　　　　　　　　　（関西学院高等部）

(4) *A* : John, be （ア famous　イ small　ウ cloudy　エ quiet）. Look. That baby is sleeping.

　　B : Oh, sorry.　　　　　　　　　　　　　　　　　　　　　　　　　　　（山口県）

(5) *A* : You look sleepy. How long ①（ア do　イ did　ウ are　エ were） you sleep last night?

　　B : I ②（ア can　イ can't　ウ could　エ couldn't） sleep for a long time because I had many things to do.

　　A : Are you all right? How about ③（ア go　イ goes　ウ went　エ going） to bed early today?

　　B : OK, I ④（ア will　イ won't　ウ do　エ don't）. Thank you.　　　（宮崎県改）

2 次の会話が成り立つように，＿＿に適する語を入れなさい。ただし，与えられた文字で始まる語を書くこと。　　〈3点×3〉

(1) *A* : Joe, what are you doing?

　　B : I can't find my eraser. Can I borrow y＿＿＿＿＿＿？

　　A : OK. Please use this.

(2) *Yumi* : Could you carry this box for me?

　　Bob　 : Sure. No p＿＿＿＿＿＿.

　　Yumi : Thank you.　　　　　　　　　　　　　　　　　　　　　　　　（高知県）

(3) *Mary* : What did you do after school yesterday?

　　Kumi : I went to the l＿＿＿＿＿＿ and borrowed some books.

　　Mary : Really? I was also reading books there.　　　　　　　　　　（高知県）

3 次の①～③の（　　）に入る英語を，あとの語群から選び，必要に応じて適切な形に変えたり，不足している語を補ったりして，英文を完成させなさい。ただし，2語以内で答えること。

〈4点×3〉（兵庫県）

Today, I had the first class with our new ALT. He introduced himself to us. He comes from Canada. He can speak English and French. French （　①　） in Canada. I did not know that. He （　②　） to a tennis club when he was in university. I enjoyed （　③　） to his story very much.

【語群】【belong　listen　play　speak　visit】

①_____　　②_____　　③_____

4　次はそれぞれある場面での会話文です。2人の会話が交互に自然につながるように，**ア～ウ**の文を正しく並べかえ，その並べかえた順に記号を書きなさい。　　〈4点×3〉（沖縄県）

(1)　When is your birthday, Ken?

　ア　Yes.　That's right.

　イ　It's November 25th.

　ウ　Wow, it's just one month before Christmas!　　　　［　　→　　→　　］

(2)　Hi.　Can I help you?

　ア　Sounds good.　Can I try them on?

　イ　Well, we have three kinds of white ones.

　ウ　Yes, please.　I'm looking for white tennis shoes.　　　［　　→　　→　　］

(3)　Mike, don't go outside.　It'll rain soon.

　ア　No!　You should stay inside.　You can't go out.

　イ　Well, may I play video games then?

　ウ　But it's not raining now.　Mom, can I go out, please?　　　［　　→　　→　　］

5　次の英文のタイトルとして最も適切なものを，**ア～エ**から1つ選び，その記号を○でかこみなさい。　　〈5点〉（佐賀県）

Many people have dogs and cats as pets. Dogs are usually friendly, but dog owners need to take their dogs for a walk and wash them. Cats walk around without their owners and clean themselves. However, it is not easy to train cats.

（注）owner(s) 飼い主　　walk 散歩　　train ～ ～をしつける

　ア　Why cats are more popular than dogs

　イ　The power of having pets

　ウ　How dogs and cats talk with each other

　エ　The differences between dogs and cats as pets　　　　【次のページに続きます】

6 次の（　）内の語を並べかえて，意味の通る正しい英文にしなさい。　　　　　〈4点×4〉

(1) My sister (go, decided, abroad, to).

My sister _____.

(2) A : How about this bag?　It has a nice color.

B : It looks good, but it is (than, expensive, one, more, that).

〜, but it is _____.　（千葉県）

(3) A : Which bag is yours?

B : The (mine, desk, is, on, one, the).

The _____.

(4) Linda : You look happy.

Haru : Yes, I am.　Tom (these, gave, beautiful, me, flowers).

Tom _____.　（高知県）

7 次の日本文を英語に直しなさい。　　　　　　　　　　　　　　　　　　　〈5点×3〉

(1) 私は梅干し（umeboshi）に興味があります。　　　　　　　　　　　　　（和歌山県）

_____

(2) 先週，雪がたくさん降りました。

_____

(3) それは私のお気に入りの授業の1つです。　　　　　　　　　　　　　　（愛媛県）

_____

8　Reina は，留学先のロンドンでホストファミリーが開いてくれる歓迎パーティーであいさつをすることになりました。あなたが，Reina なら，①〜③の内容をどのように英語で表しますか。それぞれ4語以上の英文を書き，次の原稿を完成させなさい。　　　（三重県）〈5点×3〉

Hello, everyone.　My name is Reina.　Nice to meet you.

①　5人家族だということ。

②　テニスが得意だということ。

③　英語を勉強するためにロンドンに来たということ。

Thank you.

①_____

②_____

③_____

総復習テスト 第2回

＊解答と解説…別冊 p.14
＊時　間………40分
＊配　点………100点満点
得点

点

1 次の本文中の(1)(2)に入る最も適当な語を，それぞれ下の**ア～エ**のうちから１つずつ選び，その記号を○でかこみなさい。　　　　　　　　　　　　　　　　　　　〈6点×2〉（千葉県）

　　A long time ago, a Chinese emperor thought that there were many bad things in water. He believed it was （ 1 ） to drink boiled water because it was safe. One day, he felt tired when he was traveling across the country. He sat under a tree and made boiled water to drink. At that time, strong wind blew and some leaves fell into it. The boiled water with leaves looked so good that he drank it. He was surprised because it was delicious. He loved it very much, and in this way the first "tea" was （ 2 ）.

（注）　emperor 皇帝　boiled 沸騰させた　safe 安全な　blew （風が）吹いた　so ～ that … とても～なので…

(1)　**ア** better　　**イ** newer　　**ウ** harder　　**エ** stronger
(2)　**ア** sold　　**イ** shared　　**ウ** born　　**エ** bought

2 (1)(2)の英文を読んで，それぞれの英文のタイトルとして最も適当なものを，それぞれの英文の下の**ア～エ**の中から１つ選び，記号を○でかこみなさい。　　　　　　〈8点×2〉（佐賀県）

(1)　You may feel bad when you get a bad score on a test, but you don't have to worry. You should think about the reasons for your mistakes on the test and then try again to get the right answers. If you need help, ask someone in your school. Your teachers or classmates will help you. These things will help you to get a good score.

（注）　score 点数

ア How to guess the right answers on tests　**イ** How to help your classmates to study
ウ How to get a better score on a test　**エ** How to ask questions to your teachers or friends

(2)　Chinese New Year called "Spring Festival" is one of the most important holidays in China. It begins in January or February and continues for about seven days. People usually spend time together with their family. They put up red posters on the doors because they believe that red means good luck.

（注）　～ called … …と呼ばれる～　　put up ～ ～を掲げる　　poster(s) ポスター

ア When does "Spring Festival" start?　**イ** Why does red mean good luck in China?
ウ What do people eat during Chinese New Year?　**エ** What is Chinese New Year?

【次のページに続きます】

3 次の(1)～(4)が正しい対話文になるように，（　　　　　）に適するものをそれぞれ**ア**～**エ**の中から1つ選び，記号を○でかこみなさい。

(1) *A* : Mom, I want to know my cat's feelings.

　　B : Why do you want to know that?

　　A : (　　　　　　　　)　　　　　　　　　　　　　　　　　　（北海道）

　　　ア　She doesn't come near me.　　　**イ**　She doesn't want a pet.

　　　ウ　It's fun to learn other languages.　　**エ**　She has a white cat.

(2) *Chen* : Thank you for bringing me to this wonderful museum.

　　Emi : (　　　　　　　) We are glad to come with you.　　（群馬県改）

　　　ア　Yes, please.　　　　　　　　　**イ**　That's right.

　　　ウ　You're welcome.　　　　　　　**エ**　Nice to meet you.

(3) *Mary*　　　　　 : Ms. Tanaka, could you give me some water?

　　Ms. Tanaka : Sure.　（　　　　　　　　）

　　Mary　　　　　 : Thank you so much.　　　　　　　　　　（愛媛県）

　　　ア　No, I couldn't.　　　　　　　**イ**　Don't drink it.

　　　ウ　You gave it to me.　　　　　　**エ**　Here you are.

(4) *A* : I forgot to bring my pencil case.

　　B : (　　　　　　　) You can use my pencil.　　　　　　（福島県改）

　　　ア　You must not use your dictionary.　**イ**　You don't have to worry about that.

　　　ウ　You have to look for it.　　　　　**エ**　You must get home early.

4　次の英文は，ある地域のサッカークラブの案内です。案内の内容として最も適切なものを，**ア**～**エ**の中から1つ選び，その記号を○でかこみなさい。　〈8点〉（岐阜県）

City Soccer Club for Students

Let's play soccer together! The motto of our club is to enjoy playing soccer and make friends! You don't need any experience. We practice from 8:00 a.m. to 11:00 a.m. on weekends at City Park. If you would like to practice soccer with us, please call us first. Our office phone number is 1234-5678.

　ア　Winning soccer games is the most important thing in the club.

　イ　You have to be good at playing soccer to join the club.

　ウ　Members of the club practice soccer after school every day at City Park.

　エ　You need to call the club's office first if you want to join the club.

5 次は，Minami と留学生の Beth との対話の一部です。2人は，和菓子(*wagashi*)の店で話を
しています。これを読んで，あとの問いに答えなさい。　　　　　　　　　　〈20点〉(山口県改)

Beth 　　: I visited this *wagashi* shop for the first _____(A)_____.

Minami : Really?　I (B)(_____buy_____) "*sakuramochi*" in this shop last week.　It was
　　　　　very good.

Beth 　　: Oh, there are many kinds of *wagashi* here!　Which one is "*sakuramochi*"?

Minami : Look.　This is "*sakuramochi*".　Do you want to _____(C)_____ it or choose
　　　　　another *wagashi*?　Which one do you want to eat?

Beth 　　: Oh, that's a very difficult question for me.　Each *wagashi* in this shop is so
　　　　　beautiful that I can't eat it.

Minami : Then, let's take some pictures _____(D)_____ we eat *wagashi*.　Later, we can
　　　　　enjoy looking at the beautiful *wagashi* in the pictures.

Beth 　　: That's a good idea!

(1)　下線部の (A)，(C)，(D) に入る最も適切なものを，それぞれ1つずつ選び，その記号を○でかこ
　みなさい。

　　　　　　　　　　　　　　　　　　　　　　　　　　　　　　　　　　〈5点×3〉

　(A)　ア　house　　　　イ　food　　　　ウ　flower　　　　エ　time
　(C)　ア　teach　　　　イ　find　　　　ウ　try　　　　　エ　build
　(D)　ア　before　　　　イ　but　　　　ウ　of　　　　　エ　with

(2)　下線部(B)の(　　)の中の語を，適切な形にして書きなさい。　　　　　〈5点〉

　　　　　　　　　　　　　　　　　　　　　　　　　　　　　　_____

6　次の指示にしたがって英文を作りなさい。　　　　　　　　　　　　　〈10点×2〉

(1)　次の質問に対するあなた自身の返答を，理由や説明を含めて，30語以上の英語で書きなさい。

　　　　　　　　　　　　　　　　　　　　　　　　　　　　　　　　　(和歌山県)

　〔質問〕　Which do you like better, summer vacation or winter vacation?

　_____

　_____

(2)　ジェニファー先生があなたに次のような質問をしたら何と答えるか，あなたの考えを15語以上25
　語以内の英語で書きなさい。2文以上になってもかまいません。　　　　(長崎県)

　Tell me about your school life.　What do you like the best?

　_____

　_____

　_____

デザイン：山口秀昭（Studio Flavor）

表紙イラスト：ミヤワキキヨミ

編集協力：小縣宏行，宮崎史子，森田桂子，佐藤美穂，
　　　　　脇田聡，上保匡代

英文校閲：Joseph Tabolt, Edwin Lewis Carty

DTP：株式会社 明昌堂
　　　（データ管理コード　24-2031-0155（2020））

本書に関するアンケートにご協力ください。
右のコードかURLからアクセスし，以下の
アンケート番号を入力してご回答ください。
ご協力いただいた方の中から抽選で「**図書
カードネットギフト**」を贈呈いたします。

アンケート番号：　305371

Webページ ≫≫ https://ieben.gakken.jp/qr/10_chu1and2/

**10日間完成　中1・2の総復習
英語　改訂版**

2005年 7 月		初版発行
2011年11月		新版発行
2021年 6 月29日		改訂版第 1 刷発行
2024年 5 月31日		第 6 刷

編者　　　Gakken
発行人　　土屋徹
編集人　　代田雪絵
編集担当　阿部武志
発行所　　株式会社Gakken
　　　　　〒141-8416　東京都品川区西五反田2-11-8
印刷所　　株式会社　リーブルテック

●この本に関する各種お問い合わせ先
本の内容については，下記サイトのお問い合わせ
フォームよりお願いします。
　https://www.corp-gakken.co.jp/contact/
在庫については
　☎03-6431-1199（販売部）
不良品（落丁，乱丁）については
　☎0570-000577
　　学研業務センター
　　〒354-0045　埼玉県入間郡三芳町上富279-1
上記以外のお問い合わせは
　☎0570-056-710（学研グループ総合案内）

10日間完成

中1・2の
総復習 [改訂版]

別 冊

本書と軽くのりづけされていますので，
はずしてお使いください。

英語

解答と解説

Gakken

1 現在の文

p.2 基礎の確認

1 am, are, is の使い分け
(1) are (2) is (3) are (4) are (5) am

2 一般動詞の現在形
(1) have (2) plays (3) like (4) gets

3 3単現の s のつけ方
(1) walks (2) comes (3) goes
(4) watches (5) stays (6) studies
(7) speaks (8) does (9) flies (10) has

4 疑問文の形
(1) Is this Ken's bike?
(2) Do you live in this town?
(3) Does John have a bike?
(4) Does your mother speak English?

5 否定文の形
(1) I'm[I am] not Mary's sister.
(2) We don't[do not] study English every day.
(3) My brother doesn't[does not] have a computer.

6 命令文
(1) Open the window.
(2) Be careful.

7 否定の命令文
(1) Don't run here.
(2) Don't be afraid of dogs.

☆これが重要！
be動詞の否定文と一般動詞の否定文を混同しない。一般動詞の疑問文・否定文では，動詞は**原形**を使う。He ×isn't play ～. や Does he ×plays ～? などのミスが多いので注意しよう。

p.4 実力完成テスト

1 (1) is (2) know (3) are (4) live
(5) doesn't

解説 (1) My sister（私の姉〔妹〕）は**3人称単数**の主語なので，be動詞は **is**。
(2)～(4) We（私たち），These books（これらの本），My grandparents（私の祖父母）は**複数**を表す。
(5) He（彼）は**3人称単数**の主語で一般動詞の文なの

で，**does not** の短縮形 **doesn't** が適切。

2 (1) is (2) aren't (3) has (4) Be (5) Do

解説 (1)「～がいる，ある」は be動詞で表す。
(2) are not の短縮形は aren't。
(3)「彼女は弟を1人持っている」と考える。
(4) 命令文は動詞の原形で文を始めるが，be動詞の原形は be なので，**Be ～.** となる。
(5) 主語は Kate and Tom で**複数**。

3 (1) Are, am (2) are (3) Do, do
(4) Does, doesn't (5) does, gets

解説 (1)(2) 主語の you, I に合わせて are, am を使い分ける。
(3) 主語が you の一般動詞の疑問文。Do you ～? には **do** を使って答える。
(4)(5) 主語が3人称単数なので**does**を使う。

4 (1) (Your) pencil is under the chair (.)
(2) Don't swim in this river (.)
(3) (Taro) and I are good friends (.)
(4) (My) mother does not drive a (car.)

解説 (1)〈be動詞＋場所を表す語句〉の形。
(2) 否定の命令文は，**Don't** で始める。
(3) 主語が複数なので be動詞は are。
(4)〈**does not**＋動詞の原形〉の形。

5 (1) Is his father a music teacher?
(2) She studies English every day.
(3) My brother doesn't[does not] play the piano.
(4) Please clean this room.

解説 (1) be動詞を**主語の前**に出す。
(2) study の3単現は **y を i にかえて es**。
(3) plays を**原形**にすることを忘れずに。
(4) 命令文 Clean ～. の前に Please を置く。

6 (1) Jim and I aren't[are not] busy now.
(2) I have[eat] breakfast at seven in the morning.
(3) Does she walk to the library?
(4) Please stand up. / Stand up, please.

解説 (1) Jim and I は複数なので動詞は are。
(2)「朝食を食べる」は have[eat] breakfast。
(3)〈**Does＋主語＋動詞の原形 ～?**〉の形。「歩いて～へ行く」は **walk to ～**。
(4) please は命令文の前でもあとでもよい。

2日目 過去の文

p.6 基礎の確認

1 be動詞の過去形
(1) was (2) was (3) were (4) were

2 規則動詞の過去形
(1) played (2) watched (3) liked
(4) used (5) studied (6) stopped
(7) stayed (8) cleaned

3 不規則動詞の過去形
(1) did (2) had (3) went (4) came
(5) took (6) spoke (7) saw (8) wrote
(9) ran (10) read (11) said (12) knew

4 現在か過去かの見分け方
(1) visited (2) loved, loves (3) helped

5 疑問文の形
(1) Was she in the kitchen then?
(2) Were you busy last Saturday?
(3) Did she study English yesterday?
(4) Did you get up early this morning?
(5) Did his parents live in New York
twenty years ago?

6 否定文の形
(1) I wasn't〔was not〕home then.
(2) They weren't〔were not〕happy.
(3) She didn't〔did not〕visit her uncle last
week.
(4) We didn't〔did not〕watch TV last night.

☆ これが重要！
　不規則動詞の過去形はしっかり覚えること。また,
疑問文,否定文では動詞を**原形**にすることを忘れ
るミスが多いので注意しよう。

p.8 実力完成テスト

1 (1) was (2) visited (3) saw
(4) became

解説 それぞれ次の語句から過去の文と判断する。
(1) **at that time**(そのとき),(2) **last Saturday**(こ
の前の土曜日),(3) **yesterday**(昨日),(4) **two
weeks ago**(2週間前)。
(3) see(見る,会う)の過去形は**saw**。
(4) become(～になる)の過去形は**became**。

2 (1) were, last (2) came
(3) wrote, ago (4) had (5) used

解説 (1) 主語が複数の過去の文なので,**were**。
(2) come(来る)の過去形は**came**。
(3) write(書く)の過去形は**wrote**。
(4)「楽しい時を過ごす」は **have a good time**。
haveの過去形はhad。
(5) use(使う)の過去形は**used**。

3 (1) Were, was (2) Was, wasn't
(3) Did, didn't (4) Did, did
(5) did, stayed (6) did, took

解説 (1)(2) 主語に応じて was, were を使い分ける。
(3)(4) 一般動詞の過去の疑問文は **did** を使う。
(5)(6) 疑問詞のあとに過去の疑問文を続ける。答え
の文では動詞は過去形にする。

4 (1) She wasn't a teacher last year.
(2) Did they run to the station?
(3) I didn't〔did not〕know her name.
(4) When did they play soccer?

解説 (1) isn't の過去形は **wasn't〔was not〕**。
(2)(3) 動詞は原形にすることに注意。
(4)「いつ～したか」は When did ～? とする。

5 (1) (Nancy) was not at the library last
(Sunday.)
(2) (He) did not help me with my
homework(.)
(3) (What) time did you get up this
(morning?)
(4) What did he do after (school yesterday?)

解説 (1)「～にいなかった」は〈**was〔were〕not＋
場所を表す語句**〉で表す。
(2)〈**did not＋動詞の原形**〉の語順。
(3) **What time** のあとは疑問文の形を続ける。
(4)「何をしたか」は What did ～ do …?。

6 (1) Mr. Tani was in Nara last week.
(2) Where did you buy〔get〕this bag?
(3) When did Mark come to Japan?
(4) They didn't〔did not〕know this song.

解説 (1)「～にいた」は **was** で表す。
(2)(3)「どこで〔いつ〕～したか」は〈**Where〔When〕
did＋主語＋動詞の原形 ～?**〉の形。
(4)「～しなかった」は動詞の前に didn't〔did not〕。

3日目 進行形・未来の文

📝 p.10 基礎の確認

1 進行形の文の形
(1) watching　(2) is　(3) were　(4) raining

2 ing のつけ方
(1) going　(2) reading　(3) making
(4) coming　(5) running　(6) playing
(7) studying　(8) swimming

3 進行形の疑問文・否定文
(1) Are you writing a letter?
(2) Was she walking with her mother?
(3) We weren't〔were not〕talking about you.

4 未来の文
(1) is　(2) going　(3) will　(4) be　(5) buy
(6) come　(7) I'm

5 未来の疑問文
(1) Is Susan going to make a cake?
(2) Are you going to watch TV?
(3) Will she be seventeen next year?
(4) Are they going to come to the party?

6 未来の否定文
(1) Ken isn't〔is not〕going to be busy tomorrow.
(2) I won't〔will not〕buy that book.
(3) I'm not going to visit him.

> ☆ これが重要！
> will も be going to ～ もあとの動詞は**原形**に
> することに注意。

📘 p.12 実力完成テスト

1 (1) listening　(2) Are　(3) will　(4) be
(5) were　(6) are

解説 (1) 現在進行形の文。listen to ～ で「～を聞く」。be going to ～なら，動詞の**原形**が続く。
(2)(6) 主語が you の be going to ～の疑問文。
(3)(4) **tomorrow**（明日），**next month**（来月）から未来の文。〈will＋動詞の原形〉の形。
(5) 過去進行形の文。

2 (1) was, running　(2) going, stay
(3) not, going　(4) Will, be　(5) Is, using
(6) were, sitting

解説 (1)(6) running と sitting のつづりに注意。
(2)(3) be going to ～の疑問文，否定文はふつうの be動詞の文の場合と作り方は同じ。
(4) will の疑問文は **will** を主語の前に出す。
(5) 進行形の疑問文は be動詞で文を始める。

3 (1) What, doing〔reading〕　(2) Is, going
(3) Will, won't　(4) Were, was

解説 (1)「私は本を読んでいる」の答えから「**何をしているのか**」とたずねる。
(2) Yes, she is. の答えから be動詞の疑問文と考える。ここは **be going to ～**の疑問文。
(3) tomorrow（明日）と空所の数から **will** の文。
(4)「昨夜私が電話したとき眠っていましたか」にする。

4 (1) (He) was watching TV when I arrived (at his house.)
(2) (My sister) will be an English teacher in (the future.)
(3) (Kyoko) is going to get up at (six tomorrow morning.)
(4) Where are they going to play (tennis?)
(5) How are you going to spend (your summer vacation?)

解説 (1)「～していた」は〈**was〔were〕＋～ing**〉。
(2)〈**will＋動詞の原形**〉の文。
(3)～(5)〈**be going to＋動詞の原形**〉の文。
(3)「起きる」は get up，「～時に」は at ～。

5 (1) They were swimming in the river.
(2) He isn't〔is not〕doing his homework.
(3) Ann will〔is going to〕help her brother tomorrow.
(4) My father isn't〔is not〕going to work next Sunday.

解説 (1) swimming のつづりに注意。
(2)(4) 進行形，be going to ～の否定文は，be動詞のあとに **not**。
(3) 未来の文に。will か be going to を使う。

6 (1) It will〔It'll〕be sunny〔fine〕tomorrow.
(2) Who was talking with my mother?
(3) What are you going to do next Saturday?

解説 (1) 天候を表す文の主語は **it**。will のあとの動詞は原形。be動詞は be にする。
(2) who は**3人称単数扱い**。be動詞は was。
(3)「次の土曜日」は **next Saturday**。

4日目 助動詞

p.14 基礎の確認

1 can, may, must の文
(1) must (2) can (3) may (4) could

2 助動詞の疑問文・否定文
(1) Can she play the piano?
(2) He may not come to the party.

3 have〔has〕to ～の文
has, to

4 May〔Can〕I ～? の文
(1) Can〔May〕 (2) I, ask

5 Can〔Could〕you ～? の文
(1) Can (2) Could

6 May I ～? / Can you ～? の答え方
(1) Sure. Go ahead.
(2) I'm sorry.

7 should の文
He should study harder.

☆ これが重要！
　助動詞は主語が何であっても**形は変わらない。**
あとの動詞はいつも**原形**にすること。**May I ～? /
Can you ～?** などの会話表現と，**have to ～**
の意味と使い方は要チェック。

p.16 実力完成テスト

1 (1) play (2) to go (3) Can (4) May
(5) have

解説 (1) 助動詞のあとの動詞は**原形**。
(2) **have〔has〕to ～**の文。「トムは今夜は早く寝
なければなりません」。
(3) **Can you ～?** で「～してくれますか」。
(4) **May I ～?** で「～してもいいですか」。
(5) **don't have to ～**は「～する必要はない」。

2 (1) has, practice (2) must〔should〕
(3) must, not (4) Could〔Can〕, you

解説 (1) must→**have〔has〕to ～**（～しなければ
ならない）。
(2) 命令文→**must ～**（～しなければならない）。
(3) 否定の命令文→**must not ～**（～してはなら
ない）（禁止を表す）。

4 (4) ていねいな命令文→**Could〔Can〕you ～?**
（～してくれませんか）。

3 (1) can't〔cannot〕, write (2) should
(3) may, be (4) had, to
(5) May〔Can〕, I (6) Could, you

解説 (1) 「～できない」は1語で **cannot** か **can't**。
(2) 「～したほうがいい」は **should**。
(3) 「～かもしれない」は **may**。
(4) 「～しなければならない」は2語では **have
〔has〕to**。過去形は **had to**。
(5) 「～してもいいか」と許可を求める言い方は
May〔Can〕I ～?。
(6) ていねいに依頼するときは Could you ～?。

4 (1) Sure. (2) OK. Go ahead.

解説 (1) 「～していただけますか」に対する答えだが，
あとに「全力をつくします」が続くので，**Sure.**（い
いですよ。）が適切。
(2) 「～してもいいですか」の問い。**OK. Go ahead.**
（いいですよ。どうぞ。）が適切。

5 (1) (He) was not able to read (the book.)
(2) (What time) does he have to get up (?)
(3) Could you carry this bag (for me?)
(4) (We) should be kind to each (other.)

解説 (1) 「～できる」は **be able to ～**でも表せる。
主語が he で過去の文なので，be動詞は was。否定
文はbe動詞のあとにnot。
(2) have to ～の疑問文は一般動詞の疑問文と同
じ。〈**does＋主語＋have to ～**〉の語順。
(3) **Could you ～?** で「～していただけますか」。
(4) should のあとのbe動詞は**原形**の **be**。

6 (1) May〔Can〕I open the window(s)?
(2) I must〔have to〕study English hard.
(3) Could you tell〔show〕me the way to
the station?
(4) You don't have to buy〔get〕the book.

解説 (1) 「～してもいいか」は **May〔Can〕I ～?**。
(2) 「～しなければならない」は **must** か **have
to** を使って表す。
(3) 「～へ行く道」は **the way to ～**。please をつ
けて，Could〔Can〕you tell me the way to the
station, please? などとしてもよい。
(4) 「～する必要がない」は **don't have to ～**。
don't need to ～ でもよい。

5

5 疑問詞・代名詞・接続詞など

p.18 基礎の確認

1 what, who, when, where, how など

(1) Who (2) What (3) Where

2 〈how＋形容詞〔副詞〕〉

(1) old (2) many (3) much

3 人称代名詞の変化

(1) my (2) your (3) him (4) her

(5) its (6) us (7) your (8) their

(9) them

4 接続詞 and, but, or, so

(1) and (2) so (3) but (4) or

5 接続詞when, if, thatなど

(1) if (2) when (3) that (4) before

6 時・場所を表す前置詞

(1) at, in (2) on (3) on

7 前置詞を含む連語

(1) of (2) for (3) to (4) in

☆ これが重要！

　疑問詞は答えとセットで確認すること。代名詞は前置詞のあとの**目的格**に注意。接続詞**that**はよく**省略**される。

p.20 実力完成テスト

1 (1) we (2) much (3) Where (4) before

(5) at

解説 (1) you and Ken は **we** で答える。

(2)「値段」は **How much** ～？でたずねる。

(3) **出身地**をたずねる疑問文。

(4)「火曜日は水曜日の**前に**来る」という文。

(5)「東京駅**で**」は **at** Tokyo Station。

2 (1) Whose (2) long, it

(3) Because (4) How, many

解説 (1)「私のものです」の答えから「**だれの鉛筆か**」とたずねる。

(2)「約20分です」の答えから「**どれくらい長く**（時間が）かかるか」とたずねる。

(3) Why ～？に理由を答えるときは，**Because** ～. （なぜなら～だから）を使う。

(4)「数」は **How many** ～？でたずねる。

3 (1) time, it (2) Who, them

(3) is, will (4) for, in (5) at, in

解説 (2) 前置詞 with のあとの代名詞を目的格の **them** にすることに注意。

(3) if ～ の中では未来のことは現在形にする。

(4)「～を待つ」は **wait for** ～。「～の前で」は **in front of** ～。

(5)「～時に」は **at** ～。

4 (1) ours (2) If (3) in

解説 (1)「これは私たちの家だ」＝「この家は私たちのものだ」。

(2)「急ぎなさい，そうすれば～」は「もし急げば～」と考えて **if** を使って言いかえられる。

(3)「日本の歴史は私にはおもしろい」＝「私は日本の歴史に興味があります」にする。「～に興味がある」は **be interested in** ～。

5 (1) What are they talking about(?)

(2) (You) should go to bed if you're tired(.)

(3) (I'm) sure he'll be able to pass (the exam.)

(4) (Kate) did her homework after she had dinner(.)

解説 (1) **What** のあとを進行形の疑問文にする。「～について話す」は **talk about** ～。

(2) if you're tired を文の後半に置く。

(3) I'm sure のあとに **that** が省略されている。「～できるだろう」は **will be able to** ～。

(4)「～したあとで」は**after** ～ で表す。

6 (1) How old is your uncle?

(2) Which is his bag, this one or that one?

(3) I go to school by bike〔bicycle〕 every day.

(4) It was snowing when I got〔woke〕 up.

解説 (1)「何歳ですか」は **How old** ～？でたずねる。

(2)「どちら」は **Which** ～？でたずねる。Which bag is his, this one or that one? でもよい。

(3)「学校に行く」は go to school，「自転車で」は **by** bike〔bicycle〕，「毎日」は every day。

(4)「～したとき」は **when** ～ で表す。When I got〔woke〕 up, it was snowing. でもよい。

6 日目 〈to＋動詞の原形〉・動名詞

p.22 基礎の確認

1 名詞的用法
(1) to (2) to, walk (3) to, rain
2 副詞的用法
(1) 助けるために (2) 聞いて
(3) 勉強するためです
3 形容詞的用法
things to do
4 動名詞の用法
(1) watching (2) Playing
(3) studying (4) calling
5 動名詞を目的語にとる動詞など
(1) running (2) to run (3) running
6 〈疑問詞＋to 〜〉
(1) how (2) where (3) what
7 不定詞のいろいろな用法
(1) ask (2) wants (3) to (4) It's, to

☆これが重要！
　不定詞を目的語にとる動詞と，動名詞を目的語
にとる動詞の区別ができることが大切。

p.24 実力完成テスト

1 (1) see (2) to be (3) is (4) watching
(5) to go (6) snowing (7) to stay
(8) learning (9) To play

解説 (1)「おばに会うために」→〈to＋動詞の原形〉。
(2) wantは不定詞を目的語にとる。
(3) 動名詞が主語のときは3人称単数として扱う。
「英語の本を読むことは私には難しい」。
(4) enjoy は動名詞を目的語にとる。
(5)「彼は私にいっしょに行ってほしがっている」。
(6)「〜することをやめる」は stop 〜ing。
(7) hope は不定詞を目的語にとる。
(8) 前置詞のあとの動詞は動名詞。be interested
in 〜ing で「〜することに興味がある」。
(9)「テニスをするために」。目的を表す不定詞。

2 (1) eating (2) saying (3) to play
(4) to run (5) to do (6) walking

解説 (1) finish は動名詞を目的語にとる。
(2) without 〜ing で「〜しないで」の意味。
(3) time to 〜で「〜する時間」の意味。
(4) 〈tell＋人＋to 〜〉で「(人)に〜するように言う」。
(5)「〜するために」という意味の不定詞に。
(6) 前置詞(after)のあとなので動名詞。

3 (1) It, to (2) how (3) singing
(4) to, do

解説 (1)「本を読むことは大切です」という文。
(2) 駅への道〔行き方〕をたずねる文。
(3)「上手に歌う」＝「歌うことが得意だ」。
(4)「忙しい」＝「することがたくさんある」。

4 (1) hot, to, drink (2) to, see〔meet〕
(3) about, walking (4) tried, to, answer

解説 (1)「何か熱い飲みもの」は〈something＋形容
詞(hot)＋to drink〉。形容詞の位置に注意。
(2)「〜してうれしい」は be glad〔happy〕to 〜。
(3) How about のあとの動詞は動名詞にする。
(4)「〜しようとする」は try to 〜。

5 (1) (Do you) know how to use this (?)
(2) (Are you) interested in taking pictures (?)
(3) (We) must try to understand each (other.)
(4) (Kyoto) has a lot of places to see (.)
(5) (It) was hard to climb the mountain (.)

解説 (1) how to use 〜で「〜の使い方」。
(3) try to 〜で「〜しようと努力する」。「私たちは
お互いを理解するように努力しなければならない」。
(4) a lot of 〜で「たくさんの〜」。places to see
は不定詞の形容詞的用法で「見る(ための)場所」。
(5) It … to 〜. の文。「その山に登るのは難しかった」。

6 (1) They enjoyed swimming yesterday.
(2) I have nothing to do today. / I don't
have anything to do today.
(3) Thank you for inviting me to the party.
(4) What do you want to be in the future?

解説 (1)「〜して楽しむ」は enjoy 〜ing。
(2)「することが何もない」は nothing のあとに不
定詞の to do を続ける。
(3)「〜してくれてありがとう」は Thank you
〔Thanks〕for 〜ing. で表す。
(4)「〜になりたい」は want to be〔become〕〜。
What would you like to be 〜? でもよい。

7

7日目 いろいろな文型

p.26 基礎の確認

1 There is〔are〕〜.の文
(1) **is** (2) **are** (3) **was**

2 There is〔are〕〜.の疑問文・否定文
(1) **Is there any water in the cup?**
(2) **Are there a lot of people in this town?**
(3) **There wasn't〔was not〕a picture on the wall.**

3 look, become などの文
(1) **became** (2) **looks** (3) **sounds**

4 give, tell などの文
(1) **him** (2) **show** (3) **told** (4) **made**

5 give, tell などの文の語順
(1) **me a dictionary** (2) **tell me the way to**
(3) **give him these books**

6 SVOO → 〈SVO＋to〔for〕＋人〉
(1) **Tom gave a present to her.**
(2) **Beth sent some books to him.**

7 call, name などの文
(1) **call** (2) **named** (3) **made** (4) **keep**

☆ これが重要！
　SVC, SVOO, SVOC の文型を作る動詞をしっかり覚えること。SVOO は語順に注意しよう。

p.28 実力完成テスト

1 (1) **are** (2) **was** (3) **get** (4) **told**

解説 (1) 主語が複数形なので are。
(2) 主語が数えられない名詞なので was。
(3) 「暗くなる」は get dark。SVC の文。
(4) me と the way の 2 つの目的語をとるのは tell（〜に…を伝える〔教える〕）。

2 (1) **looks** (2) **looked, like** (3) **ask, you**
(4) **find, interesting** (5) **showed, them**

解説 (1) 「〜に見える」は〈look＋形容詞〉。
(2) 「〜のように見える」は〈look like＋名詞〉。
(3) 〈ask＋人＋物〉の語順で,「（人）に（物）をたずねる」の意味。
(4) 「O が C とわかる」は〈find＋O＋C〉の形。
(5) 「（人）に（物）を見せる」は〈show＋人＋物〉の形。

3 (1) **There, are** (2) **teaches, us**
(3) **gave, him** (4) **aren't** (5) **made** (6) **call**

解説 (1) have〔has〕の文は There is〔are〕〜.に書きかえられるものがある。「1 年は12か月です」。
(2) 「オカ先生は私たちに英語を教える」という teach の SVOO の文に。
(3) 〈gave＋物＋to＋人〉を〈gave＋人＋物〉に。
(4) no を not 〜 any に書きかえる。「このあたりに店はひとつもない」の文。
(5) 「その知らせが彼女を幸せにした」という〈make＋O＋C〉の SVOC の文にする。
(6) 「この花を英語で何と呼ぶか」。〈call＋O＋C〉の文の C が What になった疑問文。

4 (1) **Is, there** (2) **Were, weren't**
(3) **There, are**

解説 (1) Is there 〜? には there を使って答える。
(2) 主語が複数で過去の文。
(3) 「…に何があるか」には, There is〔are〕〜.の形で「〜がある」と答える。

5 (1) **How many days are there in (November?)**
(2) **I'll make you some sandwiches(.)**
(3) (My father) **bought a piano for me on (my tenth birthday.)**
(4) (What) **do your friends call you(?)**
(5) **This story made him famous(.)**

解説 (1) 〈How many 〜 are there …?〉の形。
(2) 〈make＋人＋物〉の語順。
(3) 〈buy＋物＋for＋人〉の語順。
(4) 〈call＋O＋C〉の C が What となった形。
(5) 〈make＋O＋C〉の文。

6 (1) **Please call me Jun.**
(2) **His parents (will) send him something to eat. / His parents (will) send something to eat to him.**
(3) **Did he make her happy?**
(4) **There are three parks in my town. / My town has three parks.**

解説 (1) Call me Jun, please. としてもよい。
(2) 〈send＋人＋物〉または〈send＋物＋to＋人〉の語順。「何か食べる物」は something to eat。
(3) 〈make＋O＋C〉で表す。
(4) 「〜がある」は There are 〜.か have の文で表す。

8 比 較 の 文

日目

📖 *p.30* 基礎の確認

① 比較級・最上級の形
(1) taller, tallest　(2) larger, largest
(3) easier, easiest　(4) bigger, biggest
(5) more beautiful, most beautiful
(6) better, best　(7) more, most

② 比較級の文
(1) older, than　(2) earlier, than

③ 最上級の文
(1) tallest　(2) most　(3) in

④ as ～ as … の文
(1) tall　(2) not, busy

⑤ like ～ better〔the best〕の文
(1) like, better　(2) like, best

⑥ 比較の疑問文
(1) Is, bigger〔larger〕
(2) Which, or, better

⑦ 注意すべき比較の文
(1) much　(2) biggest cities

☆ これ が 重要！
　as ～ as …，比較級，最上級の基本文型と同意表現，like ～ better〔the best〕の文をマスターしよう。

p.32 実力完成テスト

1 (1) tall　(2) longer　(3) much　(4) of
(5) best

解説 (1) as と as の間は**原級**。
(2) 〈Which is＋比較級, A or B?〉で「A と B ではどちらがより～か」。
(3) 比較級を強調する語は **much**。
(4) the five は複数を表すので「～の中で」は **of**。
(5) **like ～ the best** で「～がいちばん好き」。

2 (1) bigger　(2) better　(3) happiest
(4) longest　(5) most, interesting　(6) more

解説 (1) あとに than があるので比較級にする。big は g を重ねて er をつける。
(2) well の比較級は **better**。
(3) 前の the とあとの of から最上級にする。

(4) 「世界でいちばん長い川は何ですか」の文。
(5) interesting の最上級は**前に most** をつける。
(6) あとの than から many を比較級の **more** に。

3 (1) faster, than　(2) as, as
(3) earliest, in　(4) best, of　(5) the, nearest
(6) better, or, better　(7) more, than

解説 (1) 「～より速い」は faster than ～。
(2) 「～と同じくらいの年齢」と考え，as old as ～。
(3) 「いちばん早く」は early の最上級 earliest。
(4) 「いちばん上手な」は good の最上級 **best**。
(5) 「いちばん近い～」は the nearest ～。
(6) 「A と B ではどちらのほうが好きか」は **Which do you like better, A or B?** でたずねる。答えの文でもふつう better を使う。
(7) difficult の比較級は前に **more** をつける。

4 (1) older　(2) more, beautiful
(3) the, nicest　(4) the, youngest

解説 (1) 「あなたの自転車は私のより新しい」→「私の自転車はあなたのより古い」。
(2) 「この花はあの花ほど美しくない」→「あの花はこの花より美しい」。
(3) 「クラスのほかのどの少年よりすてき」→「クラスでいちばんすてきな少年」。
(4) 「エミは 4 人の中でいちばん若い」の文に。

5 (1) (My bag is) not as big as this one(.)
(2) (The) boy looks happier than anyone (else.)
(3) (This is) one of the most popular sports (in Japan.)
(4) (No) one can swim faster than (Jim.)

解説 (1) 「…ほど～でない」は **not as ～ as …**。
(2) 「～に見える」は〈look＋形容詞〉。「ほかのだれより～」は〈比較級＋than anyone else〉。
(3) 「～のひとつ」は **one of ～**。
(4) 「だれも～できない」は **No one can ～** で文を始める。「ジムより速く」は faster than Jim。

6 (1) I speak English as well as Eri.
(2) Is this mountain higher than that one?
(3) Which season do you like (the) best?

解説 (1) 「～と同じくらい上手に」は as well as ～。
(2) 「～より高い」は higher than ～。「あの山」は同じ名詞のくり返しをさけて **one** を使う。
(3) 「どの季節」は **which season**。

9日目 受け身・現在完了形

p.34 基礎の確認

1 受け身の文の形
(1) used　(2) made　(3) loved

2 過去分詞
(1) called　(2) studied　(3) written
(4) held　(5) spoken　(6) given

3 受け身の疑問文・否定文
(1) Is this song loved by young people?
(2) Was our school built fifty years ago?
(3) This e-mail wasn't[was not] written by Hina.

4 現在完了形（継続）
(1) has　(2) been　(3) known　(4) for

5 現在完了形（経験）
(1) twice　(2) visited　(3) been

6 現在完了形（完了）
(1) already　(2) done

7 現在完了形の疑問文・否定文
(1) Has he washed the dishes(yet)?
(2) Have they lived here for ten years?
(3) We haven't[have not] climbed Mt. Fuji.

> ☆ これが重要！
> 受け身も現在完了形も**過去分詞**の形に注意する。現在完了形は already や since ～ などの**副詞**や**前置詞句**に注目すること。

p.36 実力完成テスト

1 (1) used　(2) were　(3) Have　(4) since

解説 (1) 受け身の文。過去分詞を選ぶ。
(2) yesterday があるので，過去の受け身の文。
(3) 現在完了形の疑問文は Have で文を始める。
(4) 「～以来」は **since** ～。

2 (1) written　(2) been　(3) left　(4) broken

解説 (1) write を過去分詞の **written** にする。「この本は有名な歌手によって書かれた」。
(2) **have been abroad** で「外国に行ったことがある」という意味。
(3) 「電車はちょうど出てしまった」という文。
(4) 「このカップ」が主語の受け身の文。

3 (1) This cake was made by Nancy.
(2) Was this e-mail sent to her by Bob?
(3) My brother has already done his homework.
(4) I've[I have] never played golf.

解説 (1) This cake を主語にして，〈was＋過去分詞＋by ～〉を続ける。
(2) **was** を主語の前に出す。
(3) do の過去分詞は **done**。**already** は has と過去分詞の間に入れる。
(4) **never**（一度も～ない）は **have** と過去分詞の間。

4 (1) taught　(2) Have, yet

解説 (1) Science が主語の受け身の文にする。
(2) **No, not yet.** は「いいえ，まだです」。

5 (1) were, seen　(2) is, sung
(3) long, has　(4) times, read

解説 (1) 過去の受け身。see の過去分詞は **seen**。
(2) 現在の受け身の文。sing の過去分詞は **sung**。
(3) 「期間」は **How long** ～? でたずねる。あとに現在完了形の疑問文を続ける。
(4) 「回数」は **How many times** ～? でたずねる。

6 (1) A lot of trees are cut down every (day.)
(2) I'm not invited to the party(.)
(3) She is called Sakura by her friends(.)
(4) I have never met her(.)

解説 (1) 「切り倒す」は **cut down**。cut の過去分詞は **cut**。
(2) 「～に招待される」は **be invited to** ～。
(3) 「A と呼ばれる」は **be called** A。
(4) 「一度も～したことがない」は 〈**have never＋過去分詞**〉で表す。

7 (1) English is spoken in many[a lot of] countries.
(2) This picture[photo] was taken by my aunt.
(3) I've[I have] been late for school once.
(4) I've[I have] known Jim for a long time.

解説 (1) speak の過去分詞は **spoken**。
(2) 過去の受け身の文。take の過去分詞は **taken**。
(3) **be late for** ～（～に遅れる）を現在完了形にする。be の過去分詞は **been**，「1回」は **once**。
(4) 現在完了形の継続の文。know の過去分詞は **known**。「長い間」は **for a long time**。

10 日目 会話表現

p.38 基礎の確認

1 あいさつ・お礼・おわびの表現
(1) That's all right. (2) You're welcome.
(3) Nice to meet you, too.
(4) I'm fine, thank you.

2 あいづちなどの表現
(1) bad (2) idea (3) right (4) sounds
(5) so (6) can

3 誘う・すすめる表現
(1) Shall, let's (2) Shall, please
(3) Would

4 電話での表現
May I speak to Kumi?
/ Wait a minute, please.

5 買い物での表現
(1) help (2) about (3) Here

6 体調・感想をたずねる表現
(1) the matter (2) How (3) How

☆これが重要！
場面ごとの会話パターンや，決まった表現は応答を含めて覚えること。

p.40 実力完成テスト

1 (1) do (2) Here (3) about (4) all
(5) help

解説 (1) I like ～. は一般動詞の現在の文なので，**Do you?** とあいづちを打つ。
(2)「パスポートを見せてください」に対して，パスポートを差し出して「はい，どうぞ」は **Here you are.** や **Here it is.** と言う。
(3)「あなたはどうですか」は **How about you?**。
(4) Thank you. に「どういたしまして」は **You're welcome.** のほか，**Not at all.** とも言う。
(5)「(～を)自由にとって食べてね〔飲んでね〕」は **Help yourself (to ～).** と言う。

2 (1) Same to you. (2) Sounds great.
(3) No, thank you. (4) Don't worry.
(5) I'm sorry I can't play today.

解説 (1)「よい1日を〔行ってらっしゃい〕」には

Same to you.（あなたもね。）などと応じる。
(2) 相手の誘いに「天気が良いといい」と続くので，「いいですね」と答える **Sounds great.** を選ぶ。
(3)「何か食べるものはいかが？」に対して「あまりおなかがすいていない」と続くので，**No, thank you.**（いいえ，けっこうです）と断る文を選ぶ。
(4)「宿題が終わらない。私には難しすぎる」に「手伝ってあげる」と言っているので，**Don't worry.**（心配いりません）が適切。
(5) 次にAが「明日はどうですか」と言っているので，今日は都合が悪いという意味の文を選ぶ。

3 (1) Shall, we (2) Why (3) take
(4) Would, like

解説 (1) Let's ～.（～しましょう）は **Shall we ～?**（〈いっしょに〉～しましょうか）とほぼ同意。
(2) **How about ～ing?**（～するのはどうですか）と **Why don't you ～?**（～してはどうですか）は，どちらも相手に提案をする表現。
(3)「伝言を残しますか」と「伝言を受けましょうか」は，どちらも伝言があるかをたずねる表現。「伝言を受ける」は take a message。
(4) **would like** は want のていねいな表現。

4 (1) thank (2) wrong〔up〕
(3) Excuse (4) welcome (5) How

解説 (1)「あなたにです」と誕生日のプレゼントをもらったので，Thank you.（ありがとう）と応じる。
(2)「どうしたの」と体調などをたずねる言い方は **What's wrong?** や **What's the matter?**。
(3) 見知らぬ人に話しかけるときの「すみませんが」は **Excuse me.** と言う。
(4) Thank you. に「どういたしまして」は **You're welcome.** と言う。
(5)「今日の気分はいかがですか」は **How do you feel today?** とたずねる。

5 (1) How do you like Japan?
(2) I'm sorry(,) I'm late.
(3) What shall we do this Sunday?

解説 (1) 印象は **How do you like ～?**（～はいかがですか）などでたずねる。
(2)「～してすみません」は〈**be sorry (that)＋主語＋動詞～**〉で表す。
(3)「(私たちは)何をしましょうか」は What shall we do? と言う。

1 (1) ウ (2) ウ (3) ウ (4) エ
(5) ① イ ② エ ③ エ ④ ア

解説 (1)「テレビで～を見る」は watch ～ on TV。
「私はテレビでその試合のいくつかを見ました、そしてとてもわくわくしました」。
(2) can のある受け身の疑問文。Mt. Fuji can be seen from your house. の疑問文。「あなたの家から富士山は見えますか」。
(3)「(時間)がかかる」は take で表す。時間や天候などを表すときは it を主語として使うが、この it には「それ」という意味はない。「大阪から東京まで新幹線で2時間半かかります」。
(4) あとに、That baby is sleeping.（あの赤ん坊が眠っています。）が続くので、「静かにしなさい」となる quiet（静かな）を入れる。ほかの選択肢の意味は、ア「有名な」、イ「小さい」、ウ「曇りの」。A「ジョン、静かにしなさい。ごらん。あの赤ん坊が眠っているでしょ」。B「ああ、ごめんなさい」。
(5) ① How long で始まる過去の一般動詞の疑問文。last night（昨夜）があるので、過去の一般動詞の疑問文をつくる did を選ぶ。
② 昨夜のことを言っていて、話の流れから過去の否定文にする。for a long time は「長い時間」。
③ How about のあとの動詞は動名詞にする。How about ～ing …? で「～するのはどうですか」。
④「早く寝てはどうか」という相手の提案に対して「わかりました。そうします」と応じる表現。「そうする」と今その場で決めたことを表すので will を選ぶ。A「眠そうですね。昨夜はどれくらい眠りましたか」。B「することがたくさんあったので、長く眠ることができませんでした」。A「大丈夫ですか。今日は早く寝たらどうですか」。B「わかりました、そうします。ありがとう」。

2 (1) yours (2) problem (3) library

解説 (1) OK. Please use this.（いいですよ。これを使ってください。）という応答から、「あなたの消しゴム」を表す yours（あなたのもの）を入れる。A「ジョー、何をしているの?」。B「私の消しゴムが見つかりません。あなたのを借りてもいいですか」。A「いいですよ。これを使ってください」。
(2) 直前の「わかりました」の答えから、「問題ない」

という意味になるように problem を入れて、No problem. とする。ユミ「この箱を運んでくださいますか」。ボブ「わかりました。問題ありません[かまいませんよ]」。ユミ「ありがとう」。
(3) メアリーの「昨日の放課後、何をしましたか」の質問に対する応答で、クミが「（　）へ行って、本を借りました」と言い、メアリーが「本当? 私もそこで本を読んでいました」と続けている。本を借りたり、読んだりする場所で、l で始まる単語は、library（図書館）。

3 ① is spoken ② belonged ③ listening

解説 ① French が主語で、in Canada（カナダでは）が文末にあることから、speak という動詞を使って、「カナダではフランス語が話されています」という現在の受け身の文にする。受け身の文は〈be動詞＋過去分詞〉の形。be動詞は is を使う。speak は speak – spoke – spoken と変化する。
② あとの to a tennis club から、belong to ～で「～に所属する」となる belong を選ぶ。ここは文の後半に when he was in university（彼が大学にいたとき）があるので、過去形にする。
③ あとの to his story から、listen to ～で「～を聞く」となる listen を選ぶ。ここは enjoyed のあとにくるので、listen は動名詞にする。enjoy ～ing で「～することを楽しむ」。

〈英文の意味〉
今日、私は新しい ALT との最初の授業がありました。彼は私たちに自己紹介をしました。彼はカナダ出身です。彼は英語とフランス語が話せます。カナダではフランス語が話されています。私はそのことを知りませんでした。彼は大学にいるときに、テニス部に所属していました。私は彼の話を聞いてとても楽しかったです。

4 (1) イ→ウ→ア (2) ウ→イ→ア
(3) ウ→ア→イ

解説 (1) When ～? の質問には、It's November 25th.（11月25日です。）と「時」を答えているイを続ける。そのあと、「11月25日はクリスマスのちょうど1か月前だ」と続ける。完成した英文の意味は、「あなたの誕生日はいつですか、ケン」→「11月25日です」→「わあ、それはちょうどクリスマスの1か月前ですね」→「はい。その通りです」。
(2) Can I help you?（お手伝いしましょうか。〔いらっしゃいませ。〕）には Yes, please. という。アの Sounds good. は相手の話を聞いて「（それは）い

いですね」という意味。Can I try them on? は「それらを試着してもいいですか」という意味。ウの look for 〜 は「〜をさがす」。完成した英文の意味は，「こんにちは。お手伝いしましょうか」→「はい，お願いします。白いテニスシューズをさがしています」→「ええと，白いシューズが3種類ございます」→「いいですね。それらをはいてみてもいいですか」。

(3)「もうすぐ雨が降る」という最初の文に対して，マイクは「今は雨が降っていない」と言い，外出の許可を求めるが，母親にダメだと言われる。それで，テレビゲームをしていいかと許可を求める流れにする。完成した英文の意味は，「マイク，外に出ていってはいけません。もうすぐ雨が降りますよ」→「でも今は雨が降っていないよ。ママ，出かけてもいいでしょ」→「だめです！　中にいなさい。出かけてはいけません」→「じゃあ，テレビゲームをしてもいい？」。

5 エ

解説　英文の意味は，「多くの人がペットとして犬やネコを飼っています。犬はたいてい人なつっこいですが，飼い主は自分の犬を散歩に連れていったり，犬を洗ったりする必要があります。ネコは飼い主がいなくても歩き回り，自分自身をきれいにします。しかしながら，ネコをしつけることは簡単ではありません」。
「ペットとしての犬とネコの違い」について述べているので，エを選ぶ。ほかの選択肢の意味は，ア「なぜネコは犬より人気があるのか」。イ「ペットを飼うことのパワー」。ウ「犬とネコはおたがいにどのようにして話しているのか」。

6 (1) (My sister) decided to go abroad(.)
(2) (〜, but it is) more expensive than that one(.)
(3) (The) one on the desk is mine(.)
(4) (Tom) gave me these beautiful flowers(.)

解説　(1) decide to 〜 で「〜することを決める」で，あとに動詞の原形を続ける。また go abroad で「外国に行く」という意味。「私の姉は外国に行くことを決めました」という文にする。
(2) more や than があるので，比較級の文を作る。more expensive than 〜 の形。A「このバッグはいかがですか。すてきな色ですよ」。B「それはよさそうに見えますが，あれよりも高価です」。
(3) on the desk という前置詞句が前の the one と

いう代名詞を修飾する形にする。A「どちらのかばんがきみの？」。B「机の上のが私のです」。
(4) 〈give＋人＋物〉の形にする。〈look＋形容詞〉は「〜に見える」という意味。リンダ「あなたはうれしそうですね」。ハル「はい，うれしいです。トムが私にこれらの美しい花をくれました」。

7 （例）(1) I'm〔I am〕 interested in *umeboshi*.
(2) Last week, we had a lot of snow. / It snowed a lot last week.
(3) It's〔It is〕 one of my favorite classes.

解説　(1)「〜に興味がある」は be interested in 〜。主語が I で現在の文なので，be動詞は am にする。
(2)「雪が降った」というときは，we を主語にして，snow を名詞で使う文と，it を主語にして，snow を動詞で使う文の2通りの文ができる。a lot は，a lot of（たくさんの）の形で，あとに名詞を続ける用法と，a lot だけで「たくさん」という意味の副詞の働きをする用法とがある。last week（先週）は文の初めでも最後でもよい。
(3)「私の…な〜の一つ」は〈one of my＋形容詞＋複数名詞〉の形。one of のあとの名詞が複数形になることに注意。「お気に入りの」は favorite。

8 （例）① There are five people in my family. / My family has five people. / We are a family of five.
② I'm〔I am〕 good at (playing) tennis. / I'm〔I am〕 a good tennis player.
③ I'm〔I am〕 in London to study English. / My purpose of staying here is to study English.

解説　①「5人家族です」は「私の家族には5人の人がいます」という There are 〜. の文や，My family has 〜. などの文で表す。
② 得意なことは，be good at 〜（〜が得意だ）を使って表す。または「私は上手なテニス選手です」と表すこともできる。I can play tennis well.（私は上手にテニスができます。）としてもよい。
③ 解答例の意味は「私は英語を勉強するためにロンドンにいます」と「ここに滞在している目的は英語を勉強することです」。ほかに，I've come〔I came〕 here〔to London〕 to study English.（私は英語を勉強するためにここに〔ロンドンに〕来ています〔来ました〕。）としてもよい。

1 (1) ア (2) ウ

解説 (1) It … to ～. の文。中国の皇帝は，水にはたくさんの悪いものが入っていると思っていたので，「安全なので，彼は沸騰させた水を飲むことが（　　）と信じていた」。この空所に適する語は，better(より良い)が適切。
(2) 「こうして最初の『お茶』が（　　）」。話の流れから，「お茶」が誕生した話なので，be born で「生まれる」という意味になる born を入れる。

〈英文の意味〉

昔，ある中国の皇帝は，水の中には悪いものがたくさん入っていると思っていました。安全なので，沸騰させた水を飲むことがより良いと彼は信じていました。ある日，彼が国中を旅していたときに，疲れを感じました。彼は木の下にすわり，飲むための沸騰させた水をつくりました。そのとき，強い風が吹いて，何枚かの葉っぱがその中に落ちました。葉っぱ入りの沸騰させた水は，とてもおいしそうだったので，彼はそれを飲みました。それがおいしかったので，彼は驚きました。彼はそれが大好きになり，こうして最初の「お茶」が誕生しました。

2 (1) ウ (2) エ

解説 (1) 全体を通して，テストで間違いをしたときに，次のテストで良い点を取るための方法を述べているので，ウの「テストでより良い点を取る方法」が適切。ほかの選択肢の意味は，ア「テストで正解を推測する方法」。イ「あなたのクラスメイトが勉強をするのを手伝う方法」。エ「あなたの先生や友達に質問をする方法」。

〈英文の意味〉

あなたはテストで悪い点数を取ると気分が悪いかもしれませんが，心配する必要はありません。あなたはテストでの間違いの理由を考えて，正しい答えを得るためにもう一度トライしてみるべきです。もし助けが必要なら，学校にいるだれかにたずねましょう。あなたの先生やクラスメイトが助けてくれるでしょう。こうしたことはあなたが良い点数を取ることに役立つでしょう。
(2) 中国の「春節(Spring Festival)」の話で，それがいつ，どれくらいの期間続くのか，また，そのときに人々がどんなことをするのかなどが述べられているので，

エの「中国の新年とは何か（どんなものか）」が適切。ほかの選択肢の意味は，ア「『春節』はいつ始まるか」。イ「中国ではなぜ赤が幸運を意味するのか」。ウ「中国の新年の間，人々は何を食べるのか」。

〈英文の意味〉

「春節」と呼ばれる中国の新年は中国では最も大切な祝日のひとつです。それは1月か2月に始まり，約7日間続きます。人々はふつう家族といっしょに過ごします。彼らは赤が幸運を意味すると信じているので，ドアに赤いポスターを掲げます。

3 (1) ア (2) ウ (3) エ (4) イ

解説 (1) 「ネコの気持ちを知りたい」と言うAに対して，B(母親)が「なぜそれを知りたいのか」とたずねている。その質問の答えとして適するのは，アの「彼女(ネコ)が私の近くに来ない」。イは「彼女はペットがほしくない」。ウは「ほかの言語を学ぶことは楽しい」。エは「彼女は白いネコを飼っている」の意味。
(2) チェンの「私をこの素晴らしい博物館に連れてきてくれてありがとう」に対する応答なので，「どういたしまして」というウを選ぶ。アは「はい，お願いします」。イは「その通りです」。エは「はじめまして」の意味。
(3) 「水をいただけますか」に応じて田中さんが「わかりました」と言ったあとに続くのは，エの Here you are. (はい，どうぞ。)と何かを手渡すときの表現が適切。ほかの選択肢の意味は，ア「いいえ，私はできませんでした」。イ「それを飲んではいけません」。ウ「あなたは私にそれをくれました」。
(4) Aの「筆箱を持ってくるのを忘れた」に対して，空所のあとで「私の鉛筆を使っていいですよ」と続けているので，イの You don't have to worry about that.(そのことを心配する必要はありません。)を選ぶ。don't have to ～ は「～する必要はない」。worry about ～ は「～について心配する」。アは「あなたはあなたの辞書を使ってはいけません」。must not ～ は「～してはいけない」という禁止を表す。ウは「あなたはそれをさがさなければなりません」。have to ～ は「～しなければならない」。エは「あなたは早く家に帰らなければなりません」。must は「～しなければならない」。

4 エ

解説 選択肢アは「サッカーの試合に勝つことがそのクラブでいちばん大切です」。本文2文めの「私たちのクラブのモットーはサッカーを楽しんで，友達をつくることです」というクラブの目的とは違っ

ている。**イ**「あなたはそのクラブに参加するために
は，サッカーをするのが得意でなければなりませ
ん」。本文3文めの「あなたは経験は必要ありませ
ん」と合わない。**ウ**「クラブのメンバーは毎日放課
後に市立公園でサッカーの練習をします」。本文4
文めの「私たちは毎週末，市立公園で午前8時から
午前11時まで練習します」と合わない。**エ**「もしあ
なたがクラブに参加したかったら，まずクラブの
事務所に電話する必要があります」。本文5文めに
「あなたが私たちとサッカーを練習したいのなら，
まず私たちに電話してください」とあり，そのあと
に事務所の電話番号が書かれていることと合う。

5　(1) (A) エ　(C) ウ　(D) ア
(2) bought

解説　(1) (A) for the first time で「はじめて」。
(C) ミナミがどれが「桜餅」かを教えてあげて，「そ
れを食べてみますか，それともほかのを選びます
か」とたずねている。「～を（試しに）食べてみる」
は try を使って表す。
(D)「和菓子がとても美しくて食べられない」と言
うベスに対して，「それなら，食べる（　　）写真を
撮りましょう」と言っているので，「～する前に」を
表す**ア**の before を選ぶ。
(2) 文末の last week から過去の文とわかるので，
buy を過去形の bought にする。

〈対話文の意味〉
ベス　：私はこの和菓子店にはじめて来ました。
ミナミ：本当？　私は先週，この店で桜餅を買いま
　　　　した。とてもおいしかったです。
ベス　：まあ，ここにはたくさんの種類の和菓子が
　　　　ありますね！　どれが桜餅ですか。
ミナミ：見て。これが桜餅です。それを食べてみた
　　　　いですか，それともほかの和菓子を選びます
　　　　か。どれを食べたいですか。
ベス　：ああ，それは私にはとても難しい質問です。
　　　　この店の和菓子はそれぞれとても美しいので
　　　　私は食べることができません。
ミナミ：それでは，和菓子を食べる前に写真を撮り
　　　　ましょう。あとで，私たちは写真で美しい和
　　　　菓子を見て楽しむことができます。
ベス　：それはいい考えですね！

6　(例) (1) I like summer vacation
(better). I have two reasons. First, I
can swim in the sea then. Second, my
birthday is in August. My parents buy a

birthday cake for me every year.(32[33]語)
(2) I like English class the best. I enjoy
listening to popular songs and singing
them in English. (17語) / I have many
friends and they're very kind to me. I
like talking with them. We sometimes
enjoy playing soccer after lunch.(22語)

解説　(1)「あなたは夏休みと冬休みでは，どちらの
ほうが好きですか」という質問。夏休みが好きとい
うパターンと，冬休みが好きというパターンにつ
いてそれぞれ作文できるように練習しておこう。
30語以上などの条件にも注意すること。
解答例の意味は，「私は夏休みのほうが好きです。
2つ理由があります。第1に，そのころは海で泳
ぐことができます。第2に，私の誕生日が8月に
あります。両親が毎年，私にバースデーケーキを
買ってくれます」。(別解例)I like winter vacation
better because I can enjoy skiing. I started
skiing at the age of ten, and every winter I
go to Hokkaido with my family to ski. We
have a good time there. (36語)「私はスキーを
楽しめるので冬休みのほうが好きです。私は10歳
のときにスキーを始めました。そして毎年冬に，
私は家族とスキーをしに北海道に行きます。私た
ちはそこで楽しい時間を過ごします」。
(2)「私にあなたの学校生活について話してくださ
い。あなたは何がいちばん好きですか」という質問。
学校生活について，授業や友達，先生，部活，学
校行事などから，いちばん好きなことを書く。「～
がいちばん好き」は I like ～ the best. という。
解答例の意味は「私は英語の授業がいちばん好きで
す。私は人気の歌を聞いたり，それらを英語で歌
ったりすることを楽しみます」。「私には友達がた
くさんいて，彼らは私にとても親切です。私は彼
らと話すことが好きです。私たちはときどき昼食
後サッカーをして楽しみます」。
自由英作文のテーマには，「自己紹介」「趣味〔好き
なこと〕」「将来の夢」「自分の住んでいる町の紹
介」などがある。自分でテーマを想定して，作文の
練習をしておくことが大切だ。

10日間完成

中1・2の
総復習 ［改訂版］

英語

Gakken